SUPERDICAS PARA VIVER BEM E SER MAIS FELIZ

Flávio Gikovate

SUPERDICAS PARA VIVER BEM E SER MAIS FELIZ

2ª edição
4ª tiragem
2012
Conforme a nova ortografia

Editora Saraiva

ISBN 978-85-02-05668-8

Editor: Rogério Carlos Gastaldo de Oliveira
Assistente editorial e
preparação de texto: Kandy Sgarbi Saraiva
Secretária editorial: Andréia Pereira
Revisão: Pedro Cunha Jr. (coord.)/Camila Santana/Juliana Batista
Gerência de arte: Nair de Medeiros Barbosa
Supervisão de arte e Projeto gráfico: Antonio Roberto Bressan
Capa: Alexandre Rampazo
Ilustrações: Adolar
Coordenador da série Superdicas: Reinaldo Polito

Dados Internacionais de Catalogação na Publicação (CIP)

Gikovate, Flávio
Superdicas para viver bem e ser mais feliz / Flávio Gikovate. — 2. ed. — São Paulo : Saraiva, 2009.

ISBN 978-85-02-05668-8

1. Conduta de vida 2. Ética 3.Felicidade 4. Liberdade 5. Relações interpessoais I. Título.

CDD-158

Índices para catálogo sistemático:

1. Conduta de vida : Psicologia aplicada 158
2. Felicidade : Psicologia aplicada 158

Editora Saraiva

R. Henrique Schaumann, 270 – CEP 05413-909 – Pinheiros – São Paulo-SP
Tel.: PABX (0**11) 3613-3000 – Fax: (0**11) 3611-3308
Televendas: (0**11) 3613-3344 – Fax Vendas: (0**11) 3611-3268
Atendimento ao Professor: 0800-0117875
Endereço Internet: www.editorasaraiva.com.br – E-mail: atendprof.didatico@editorasaraiva.com.br

Impressão e Acabamento: Assahi Gráfica

À Ceci,
parceira querida destes 30 anos
de paz, aconchego e crescimento pessoal.
Companheira dos momentos mais
felizes da minha vida.

SUMÁRIO

Introdução

É com enorme satisfação que apresento a vocês este texto, fruto do honroso convite que recebi do Prof. Polito. Pode parecer uma tarefa simples. Mas não é. Escrever de uma forma objetiva e direta sem cair nos lugares-comuns nem na banalidade não é nada fácil. O mais difícil mesmo é ter de fazê-lo com limite de espaço. Cada uma destas tarefas já é bem delicada. Associá-las foi penoso mas, ao mesmo tempo, muito gratificante.

Nestes anos da maturidade tenho pensado que o mais importante é ser capaz de transferir boas ideias para o maior número possível de pessoas. Uma boa ideia é aquela que, chegando à mente do interlocutor, funciona como uma semente que logo germina e frutifica. Ela se mistura com o que cada pessoa já vinha pensando e aprimora suas convicções.

Ser capaz de fazê-lo implica uma visão democrática do conhecimento; a livre circulação de ideias novas transmitidas com clareza talvez seja o único caminho pelo qual poderemos, um dia, nos orgulhar da nossa condição de seres humanos.

Transferir uma certa quantidade de saber em poucas linhas era um antigo sonho meu. Sempre li com fascínio os livros que continham pensamentos e máximas, concentrados de informação, dificílimos de serem construídos. Quando estes concentrados — que muitas vezes consistem em uma única frase — chegam em nossa alma, agem como uma granada: se abrem espalhando estilhaços para todos os lados. Provocam um enorme "estrago". Tão poucas palavras e tão grande efeito! Meu intuito é tentar repetir, dentro das minhas limitações, esta proeza. Submeto o texto a vocês, a quem cabe julgar se fui capaz de cumpri-la.

O autor

1

Livre-se rapidamente das frustrações e contrariedades

Por melhor que seja a vida de alguém, sempre existirão tristezas, decepções com pessoas e fatos que não acontecem de acordo com o que se espera. Ou seja, é inevitável que tenhamos de lidar continuamente com contrariedades e frustrações de todos os tipos e intensidades. No cotidiano, o trânsito pode nos aborrecer todos os dias. Pequenos problemas irritam muito os mais intolerantes, e "acabam com o dia deles".

O tempo de vida é finito; logo, a competência para nos livrarmos o mais depressa possível das pequenas e grandes frustrações é essencial para a boa vida.

A boa tolerância à frustração e às contrariedades é um dos mais importantes indicadores de maturidade emocional. A criança pequena reage violentamente quando não é atendida em suas vontades. As que amadurecem se tornam mais dóceis em relação aos fatos que acontecem contra os seus interesses por respeitarem o direito de outras pessoas. Aceitam também que o mundo não existe apenas para agradá-las, de modo que nem todos os seus desejos serão atendidos.

É essencial, para os que pretendem viver bem e ser felizes, aceitar que o sofrimento e a dor são inerentes à nossa condição. Assim, seria tolo imaginar que possa existir uma vida totalmente desprovida de adversidades. A Terra não é um parque de diversões, de modo que nem tudo está programado para nos entreter.

2

Saiba exatamente o que é viver bem

A precisão de conceitos é essencial à Psicologia, e nem sempre os próprios profissionais da área se ocupam muito com isso. Assim, vou chamar de "viver bem" a uma qualidade de vida na qual sejam mínimos os desconfortos que podem ser evitados. As grandes dores e frustrações que a vida nos impõe têm de ser superadas por meio da reflexão e da docilidade frente ao destino humano. Agora, existem muitas sensações desagradáveis que podem ser resolvidas por nós mesmos.

Quando estamos com fome, com sede, com frio ou outros desconfortos físicos semelhantes, sentimos um mal-estar derivado de estarmos longe do ponto harmonioso que chamamos de *homeostase*. Quando isso acontece, sentimo-nos inseguros e insatisfeitos. Ao conseguirmos, no exemplo dado, nos alimentar, saciar a sede e nos cobrir adequadamente, experimentamos um curioso prazer que deriva do fim do desconforto. Pode ser chamado de "prazer negativo", pois nos leva do estado ruim para o ponto de equilíbrio. É um tipo de prazer que depende da existência de um desprazer anterior que terá de ser resolvido.

Quando uma pessoa fica por um bom tempo sozinha, ela também costuma se sentir inquieta, com um "buraco" no estômago, como se estivesse faltando algo. Essa sensação negativa se atenua muito com a presença de pessoas queridas, quer sejam amigos, parentes ou a pessoa amada. Os afetos correspondem a um prazer negativo: diminuem a dor que sentimos quando estamos sozinhos.

Viver bem é estar em paz, próximo do estado de equilíbrio em que não estamos sujeitos a nenhum grande desconforto. Eles ressurgem sempre e é aí que devemos tratar de resolvê-los o mais rápido possível.

3

Aproveite intensamente os momentos felizes

Os momentos felizes são aqueles que começam quando estamos em paz. Não derivam do fim de uma dor. Estamos sentados na cadeira e o namorado ou namorada senta do nosso lado e começa a nos acariciar. Experimentamos a deliciosa sensação de excitação sexual e se as trocas eróticas persistirem, acabarão desembocando numa relação extremamente excitante, prazerosa e que culmina com o relaxamento orgástico. O momento é mágico e aprofunda a intimidade entre os que se amam.

A pessoa está em paz e, de repente, ouve uma música bem ao seu agrado. Imediatamente surge uma adorável turbulência interior, uma mistura de emoções e, conforme a música, um irresistível desejo de se mover de acordo com o ritmo. O intenso prazer pode levar a pessoa a cantarolar, a dançar, a lembrar momentos deliciosos de sua vida. Sensações maravilhosas podem ser provocadas por um filme que nos encanta, por uma obra de arte que nos sensibiliza, por um livro que nos intriga.

Os prazeres do corpo e os de natureza intelectual correspondem às nossas maiores fontes de prazeres chamados de positivos, os que causam os momentos felizes. Não podem durar indefinidamente, uma vez que dependem de estímulos que são sempre efêmeros. Porém, podemos agir para que se repitam inúmeras vezes ao longo de cada dia ou semana.

Dentre os prazeres positivos podemos incluir as amizades. A ausência dos amigos não nos provoca sofrimento. Porém, sua presença é fonte de enorme alegria. A intimidade e a troca de confidências se refazem como se tivéssemos estado juntos na véspera.

4

Afinal de contas, o que é ser feliz?

As pessoas costumam dizer que a felicidade não existe, que, no máximo, podemos usufruir alguns momentos bons. Discordo; pensando de forma realista, é óbvio que ninguém pode viver o tempo todo sorrindo e num estado de permanente êxtase, imerso em prazeres de todo o tipo. Nem sei se isso seria felicidade, pois para vivenciarmos o prazer é preciso que ele venha substituir uma situação anterior negativa ou neutra. É preciso haver o contraste!

Penso que uma pessoa pode se considerar feliz quando reúne três condições em sua forma de viver. Primeiro, que seja capaz de "digerir" e elaborar o mais rapidamente possível as inevitáveis dores e frustrações que são próprias de nossa vida aqui na Terra. Segundo, que disponha das condições psicológicas e materiais para se manter o mais longe que conseguir dos desconfortos físicos e emocionais, aprendendo a viver na paz que tanto queremos, mas que muitos de nós sentem como um tédio insuportável — e, por isso, tratam de destruí-la, criando tumultos desnecessários.

Terceiro, cuidar de encaminhar sua vida para que os momentos felizes sejam em maior número possível, tanto os de natureza erótica como aqueles, mais frequentes, vinculados às nossas capacidades intelectuais de usufruir as delícias das artes, do conhecimento, do aprendizado e das trocas íntimas entre amigos confiáveis.

É muito importante ficarmos atentos a algumas das promessas que o meio social tem nos feito e que nos levam a desvios de rota na direção de prazeres ligados ao consumo e a um modo de viver tido como prazeroso, mas que talvez não corresponda aos nossos verdadeiros anseios.

5

Cuide muito bem de sua condição física e mental

Para se viver bem e em paz é essencial que nosso corpo não apresente sinais de desconforto ou sofrimentos desnecessários. Não há como evitar desde resfriados banais a doenças de todo o tipo que nos surpreenderão ao longo da vida. Agora, dá para evitar a ressaca das bebedeiras desmedidas, a tosse dos que fumam cigarros, os desconfortos digestivos causados pelos excessos nas refeições.

O essencial é que passemos o maior número possível de dias em boa condição física. Muitos dos excessos que costumamos fazer — especialmente quando jovens — devem ser evitados porque determinam algumas horas de prazer em troca de muitas horas ou dias de sofrimento. Os cuidados com o corpo incluem exercícios físicos, uma alimentação que previna doenças futuras, que evite a obesidade, que seja adequada para a longa e boa vida. Como o avanço tecnológico nos permite uma vida sedentária e isso é maléfico, temos de compensar a inação com atividades que, além do mais, fazem parte do mundo dos prazeres corpóreos (natação, tênis etc.).

A atividade física também ajuda a nos livrarmos do excesso de adrenalina que se acumula em nossos músculos. Isso pode aliviar o *stress*, estado tensional quase permanente que acompanha a vida atual, extremamente competitiva e exigente de bons resultados em todas as áreas. É essencial mantermos uma postura crítica em relação às solicitações externas vindas de uma ordem social que nem sempre se ocupa com a construção de um estilo de vida sadio. Toda atenção é pouca.

6

Seja precavido e razoável com o dinheiro

Hoje em dia o dinheiro tornou-se o remédio para todos os males. Não é verdade, mas nem por isso deve ser subestimado. Dinheiro ajuda e muito a termos nossas necessidades básicas satisfeitas. Precisamos dele para nos alimentar, para termos uma boa moradia, médicos, dentistas, para podermos nos vestir e nos locomover de acordo com nossas necessidades práticas e profissionais.

Graças ao dinheiro podemos nos entreter nas atividades prazerosas relacionadas com o lazer — cinemas, teatros, livros, músicas etc. Ajuda também a que possamos nos enfeitar e ir além do necessário, o que faz bem à nossa vaidade. Quando temos um pouco a mais do que o essencial, podemos gastar este dinheiro supérfluo com viagens instrutivas ou em férias repousantes. Em suma, o dinheiro como um veículo de acesso àquilo que necessitamos (essencial) ou mesmo que desejamos (o supérfluo) é extremamente interessante.

Temos uma boa ideia de quanto necessitamos para viver adequadamente e estes números nem chegam perto aos das fortunas que as pessoas sonham em acumular. Aí o dinheiro já ganhou outra dimensão, qual seja a de despertar a admiração e a inveja dos que têm menos. O uso exibicionista de objetos raros e caros nem sempre está a serviço do prazer e pode ter conotações agressivas claras em que o dinheiro se transformou em arma.

Como ninguém gosta de se sentir por baixo, é sempre bom conviver com pessoas com quem nos sentimos em igualdade de condições, bem como em ambientes que propiciem isso. Quanto ao consumismo, é preciso cuidado: o dinheiro pode nos tornar insaciáveis, a querermos cada vez mais. Isso gera uma insatisfação permanente e vicia.

7

Trate de ser legal com as pessoas

Para vivermos em paz é interessante termos um número adequado de relações tanto sociais quanto profissionais que não sejam tão profundas, mas delicadas e divertidas o suficiente para que, através delas, possamos atenuar a sensação de desamparo que por vezes sentimos. Pessoas agressivas e intolerantes às diferenças de pontos de vista costumam se tornar desagradáveis socialmente. As prepotentes, autoritárias e que gostam de dominar as conversas, atraindo para si toda a atenção, também costumam ser rejeitadas pelos grupos e vistas como chatas.

Chamamos de inteligência emocional esta capacidade de se relacionar de forma adequada com as pessoas, condição básica para o bom andamento das relações de trabalho e também para aquelas da vida cotidiana. Mesmo os que não gostam tanto de um convívio social intenso e, em vez de frequentarem festas e baladas, preferem ficar em casa lendo ou assistindo a um filme na TV, no convívio social têm de saber se comportar de uma forma a não ofender nem desagradar seus pares.

A adequação social ajuda muito a vivermos em paz mesmo naqueles períodos em que nossa vida amorosa não está evoluindo ou nossos elos familiares estão prejudicados pela distância ou por divergências inevitáveis. Ajuda muito também no adequado encaminhamento de nossas carreiras profissionais, fonte importantíssima de gratificações íntimas e de recompensas materiais.

Um importante exercício é estar atento e entender melhor a imagem que refletimos: como as outras pessoas nos veem e nos avaliam? O intuito não é nos adequarmos aos anseios delas e sim conseguirmos controlar nossos gestos e posturas para melhor exercer a arte de nos comunicar.

8

Veja a vida como um filme, não como uma foto

Uma das ideias mais equivocadas que podemos ter é a de que, um dia, atingiremos um estado estável e constante de felicidade, acreditando existir mesmo esse paraíso no qual todos os problemas estarão magicamente resolvidos, como se olhássemos o tempo todo para uma foto feliz, querendo estar nela. Muitas pessoas trabalham de 35 a 40 anos em uma atividade que não as agrada, sonhando com o dia em que se aposentarão e, aí sim, poderão aproveitar a vida.

Não é bom vivermos dessa forma, aceitando um presente desagradável em nome de um futuro maravilhoso. Nem o presente tem de ser tão ruim, nem o futuro será tão bom. Melhor considerar a vida como um processo, uma estrada na qual caminharemos continuamente e de cuja cami-

dade máxima. É preciso um certo tempo para que as pessoas se conheçam melhor, inclusive do ponto de vista físico: saberem o que mais agrada a cada um, como gostam de ser acariciados, a que horas preferem ter relações etc. Isso demanda tempo e alguns encontros com o mesmo parceiro, além de conversas sinceras e íntimas.

Não estou afirmando que o sexo só pode ser legal quando praticado no contexto de um relacionamento amoroso (ocasião em que costuma ser sim muito melhor). Digo que a troca de parceiros a cada noite ou a cada semana faz com que se viva sempre a mesma etapa inicial e que não é a mais interessante.

Não creio que uma pessoa que tenha tido muitos parceiros seja mais experiente ou mais feliz do que aquelas que tiveram poucos parceiros com quem aprimoraram as artes eróticas, o que depende de relacionamento contínuo. Não acredito também que quem tenha relações 3, 4 ou 5 vezes numa noite seja obrigatoriamente mais feliz e realizado do que quem tem uma relação única e bem-cuidada.

10

Ocupe-se mais com a sensualidade do que com a beleza

O reinado da beleza física impera atualmente. Tudo sugere que os que não são bonitos no grupo estão condenados à infelicidade e ao descaso. O processo exclui a maioria, já que são poucas as pessoas realmente belas. Mesmo aquelas com recursos materiais para se submeterem a cirurgias nem sempre conseguem alcançar o que sonhavam. Que fazer? Lamentar a má sorte e se condenar ao infortúnio, a ser cidadão de segunda classe?

Não penso nada disso. Acredito que a vida é um projeto para quase 80 anos (em média) e que a beleza é perecível. Não convém apostar demais nos "poderes" que ela tem. Pessoas muito bonitas se acomodam às facilidades que extraem daí, de modo que o mais comum é serem um tanto fúteis e desinteressantes. Muitas se tornam egoístas e têm na vaidade e no exibicionismo sua maior glória e seu prazer maior, tornando-se criaturas menos atraentes para muitas pessoas.

A sensualidade tem pouco que ver com a beleza. Diz respeito a um estado de alma, ao fato de não se usar o poder sensual como arma, ao gosto por se soltar e à coragem de se entregar, de verdade, aos prazeres do corpo. Mulheres sensuais são aquelas que dão sinais de gostarem efetivamente dessa entrega e não apenas de serem admiradas como estátuas, como objetos de cobiça e desejo. Apresentam-se de um jeito descontraído, informal, sincero e talvez até mesmo um tanto desleixado. São criaturas de verdade.

Homens e mulheres sensuais são e transmitem a impressão de serem mais livres, de não julgarem o comportamento nem o modo de ser dos outros. Querem aproveitar os agradáveis estímulos eróticos em vez de usar o corpo como arma para rebaixar ou humilhar seus parceiros. A verdade é que, neste contexto, depois de 30 minutos de convívio, a aparência física estará em segundo plano.

11

Seja cauteloso quando o assunto é sexo

Falou-se tanto sobre sexo nestes últimos anos que até parece que já sabemos tudo sobre este nosso instinto básico. Acho que o tema ainda guarda enormes segredos que só a reflexão persistente irá desvendar. Um deles é a dramática associação entre o sexo e a agressividade.

Aprendemos que o sexo e o amor são a mesma coisa ou, ao menos, caminham juntos. Usamos a expressão "fazer amor" como sinônimo de relação sexual. A verdade é outra: muitos casais apaixonados têm até mesmo certa dificuldade em manter relações sexuais. É como se a ternura competisse com o tesão, já que os abraços e beijos servem a ambas as manifestações. Quando cresce a ternura (manifestação amorosa) decresce o tesão!

As pessoas se sentem mais excitadas quando o clima é mais agressivo, envolvendo palavras de baixo calão, roupas íntimas mais vulgares. Este parece ser, ao menos aos olhos da maioria de nós, o ambiente propício para o erotismo. Isso quando pensamos no clima da relação sexual propriamente dita. No caso do jogo de sedução e conquista, a agressividade é muito mais dramática.

Um homem se aproxima de uma mulher e se diz encantado por ela, não só por sua beleza, mas também por outras virtudes intelectuais ou espirituais. Ela vai se excitando ao se perceber assim desejada, e suas defesas vão se afrouxando. O conquistador se vale disso para manter as intimidades físicas que deseja e depois desaparecer, provocando mágoa e decepção na mulher. Não que ela seja a vítima, pois usou todos os seus dotes físicos para atraí-lo. Ela "joga", e pesado. Ele retruca e, quando bem-sucedido, ganha a parada. Outras vezes perde e vai-se embora humilhado. Toda essa "violência" é apenas um exemplo da dramática complexidade da questão sexual.

12

Tente buscar no sexo "apenas" uma fonte de prazer

O sexo costuma ser parte de uma complicada trama que envolve uma luta entre homens e mulheres e pode se transformar em instrumento de poder. A mulher mais atraente e dominadora, por exemplo, irá decidir se permitirá ou não a abordagem do parceiro segundo seus interesses — e não de acordo com o desejo, que, para ela, está relegado a um plano secundário. A relação será mais "picante" ou mais desinteressante também em função do interesse em agradar ou não o parceiro.

Nessa disputa pelo poder vale tudo, inclusive fingir prazer ou orgasmo. Isso para se vangloriar ou mesmo para aumentar a autoestima do parceiro — quando é este o intuito; quando for o contrário, demonstrará tédio e desinteresse. Neste caso, o poder é mais claramente feminino, já que a excitação e a resposta ejaculatória masculina não podem ser simuladas tão facilmente.

A vida sexual ideal é aquela que está exclusivamente a serviço do prazer, das trocas de carícias que buscam apenas o usufruto daqueles momentos em que as sensações de excitação tomam conta de nós a ponto de paralisar nossos pensamentos e nos deixar totalmente envolvidos com o que estamos sentindo. A vida está fluindo, estamos totalmente desarmados, brincando e não guerreando.

Num clima desses ninguém quer impressionar ninguém. É difícil conseguir isso com um parceiro com o qual se tenha pouca intimidade, uma das razões para que, quando o bom senso voltar a prevalecer, as relações desprovidas de algum compromisso tendam a escassear. Elas estão a serviço da guerra entre os sexos e também da vaidade, prazer exibicionista que não tem nada que ver com a deliciosa troca gratuita de carícias.

13

Aprenda a domesticar a vaidade

Um dos componentes mais importantes da arte de viver bem consiste em não nos deixarmos escravizar pela vaidade. Este prazer de caráter exibicionista está presente em todos nós já que é parte do nosso instinto sexual. É pessoal,apesar de depender da presença de observadores, já que nos excitamos ao imaginar o impacto que causaremos nos "outros". O impacto pode ser ligado à aparência física, à aquisição de algum objeto cobiçado por quase todos, pelo sucesso em alguma área profissional ou intelectual. Tudo o que faz uma pessoa diferenciada aos olhos dos outros desperta este prazer.

O erotismo ligado à vaidade é o principal responsável por nossos sonhos aristocráticos, aqueles nos quais pretendemos nos sentir superiores à maioria. É óbvio que iremos despertar a inveja em muitas pessoas. Serão aquelas indiretas depreciadoras, já que o invejoso não quer demonstrar que está se sentindo por baixo por não possuir a prenda que está sendo exibida.

O prazer de nos exibirmos nos leva a uma vida mais voltada para o social. É mais gostoso dançar num lugar público do que em casa! Ele é a principal força que nos impulsiona na direção do sucesso. Pelas suas características, gera uma socialização cheia de hostilidades e competições.

A vaidade tem mais uma propriedade perigosíssima: vicia. Acostumamo-nos ao sucesso e ao destaque e passamos a querer cada vez mais daquela propriedade (beleza, dinheiro etc.) que nos proporcionou a notoriedade para renovar o prazer exibicionista. Sofreremos muito se deixarmos de ter o prestígio que tínhamos, e esse risco sempre existe. É uma "droga" bem perigosa!

14

Usufrua os prazeres relacionados ao bem-estar físico

Nos últimos tempos tem crescido o número de pessoas que gastam uma boa parte do tempo livre com atividades corporais. Poderia falar da dança, na qual é intenso o prazer relacionado com o aprendizado e a execução de determinados movimentos harmônicos, rítmicos etc. Poderia falar da musculação, inicialmente praticada com o intuito de aprimorar a aparência e a força física, mas que, aos poucos, se transforma em uma atividade em que se descansa a mente e que gera sensações agradáveis.

Vou pensar mais na corrida de longas distâncias às quais muitas pessoas até mais velhas se dedicam de uma forma absolutamente não competitiva. Querem avançar, aprimorar seus passos, ser mais rápidos e conseguir resultados melhores do que aqueles que vinham conseguindo no passado. Não estão preocupados em se tornar corredores olímpicos. Querem apenas se aprimorar e se deliciar com o bem-estar físico e mental — talvez em parte derivado da liberação da endorfina pelo sistema nervoso, responsável por um estado de euforia.

O pessoal se reúne com o objetivo de treinar junto. Constroem-se grupos nos quais a fraternidade acontece facilmente, já que ninguém tem a pretensão de se tornar um grande corredor. O exibicionismo da vaidade é elemento secundário, e todos se irmanam em torno da elevação da autoestima, fruto de serem parceiros em uma atividade que exige disciplina e persistência.

Aproveitam do bem-estar físico e do prazer da companhia, além de experimentarem o que se chama de "fluir": vivenciar o prazer derivado de uma boa sensação corpórea — ou de algo que prendeu a atenção da nossa mente. Vivemos a vida em vez de pensar nela. Neste estado, o tempo parece andar muito mais depressa.

15

Aprenda a distinguir curtição e competição

Não se trata de desconsiderar os prazeres relacionados com a competição e principalmente com as conquistas e vitórias. É preciso compreender que ela provoca um tipo de satisfação completamente diferente daquela que se obtém pelo simples ato de assistir a um filme extraordinário ou bater um papo sem compromisso ou, ainda, uma troca de carícias eróticas com alguém que nos é caro. Nos exemplos acima, estamos falando da curtição, prazer tipicamente democrático, ou seja, acessível a todas as pessoas.

Numa competição esportiva ou mesmo na disputa pela conquista de um novo parceiro sentimental — ou sexual — a situação é completamente diferente: o sucesso de uma pessoa implica a derrota de outras, o que define o caráter aristocrático. Um ficará muito feliz e com a vaidade incensada enquanto outros ficarão frustrados e eventualmente um tanto humilhados. A situação de disputa é estimulante para muita gente e provoca a descarga de adrenalina presente nas situações em que corremos algum tipo de risco.

Muitas pessoas gostam muito de correr riscos que envolvem tanto uma chance real de fracasso quanto um risco fictício. Quantos não curtem andar em uma "montanha russa" apenas para sentir a sensação de medo que deriva da produção de adrenalina? Outros só se entretêm quando os riscos são reais, de modo que acabam preferindo, por exemplo, os jogos de azar dos cassinos.

A adrenalina é responsável pelo *stress* naquelas pessoas que não lidam bem com os riscos e as eventuais quedas. Estas precisariam evitar atividades competitivas e talvez devessem buscar aquelas em que o prazer esteja ligado à curtição. Quem gosta de correr riscos que o faça, pois aí também há graça.

16

Escolha parceiros amorosos com quem tenha afinidades

O amor é o sentimento que temos por aquela pessoa cuja presença provoca em nós a agradável sensação de aconchego, serenidade e paz. Nossa primeira experiência desse tipo é no colo da nossa mãe. Escolhemos nossos parceiros segundo critérios complexos e que também incluem os de natureza erótica, além dos elementos racionais ligados à admiração.

Quando estamos bem com nós mesmos — ou seja, temos boa autoestima —, tendemos a nos encantar com pessoas mais parecidas conosco. Quando temos de nós um juízo negativo, admiraremos aqueles que forem o oposto de nós. Pessoas quietas e envergonhadas tendem a se encantar por outras extrovertidas e mais exuberantes. As diferenças podem ser muito atraentes numa primeira fase, mas determinarão irritação, tensão e brigas em um momento seguinte.

Relações baseadas em afinidades determinam uma intimidade mais intensa que pode provocar medo. Assim, gostamos de parceiros diferentes também porque as irritações garantem que não nos envolveremos a ponto de perdermos totalmente nossa individualidade. O risco não existe, pois a intimidade com pessoas parecidas a ameaça pouco: o amado não irá esperar de nós nada muito diferente daquilo que já somos.

Minha preocupação aqui é com as afinidades para coisas fundamentais, tais como caráter, projetos de vida, nível intelectual e outros aspectos desse calibre. Não me preocupo com diferenças relacionadas com pequenos gostos — fascínio por futebol, ópera, pescarias e outras atividades que podem ser exercidas individualmente. Nesses casos, a palavra-chave não é "concessão" (um cede e o outro acata) e sim "respeito" (cada um faz o seu programa individualmente). Afinal, na modernidade, temos aprendido cada vez mais a ficar sozinhos numa boa.

17

Busque, além do amor, a mágica da confiança

O amor é coisa séria, importante fonte de satisfação e de alguns dos nossos maiores sofrimentos. Nada é mais perigoso do que uma pessoa se encantar emocionalmente por quem não lhe inspire confiança. Amar implica sempre, numa certa medida, ficar na mão do amado. A deslealdade e a traição vinda da pessoa amada podem provocar em nós grande dor, nos arrasar.

Não é prudente, pois, ficarmos dependentes de alguém que não nos inspire uma confiança quase que absoluta. Mas como confiar assim num ser humano? Como ter certeza de que aquela criatura jamais irá agir contra nós, jamais irá se compor com nossos inimigos? Sabemos que a pessoa amada está sujeita a todas as tentações a que todos estamos, de modo que a confiança é algo difícil de ser estabelecido.

Não acho que possa se firmar muito rapidamente, como acontece com o amor (de repente, uma pessoa neutra se transforma em alguém muito especial, capaz de provocar em nós a sensação de aconchego). A mágica da confiança é mais lenta e depende muito dos atos e ações do amado. Acontece depois de percebermos que a pessoa não mente, que age com coerência em sucessivas situações, que é previsível em muitos dos seus atos e gestos. Aos poucos se faz confiável.

É uma delícia quando isso acontece porque se cria a condição para a plena intimidade, para que os que se amam sejam também os melhores amigos, aqueles que não se sentem julgados nem cobrados, que se sentem aceitos e podem contar com o outro em qualquer contexto: na saúde e na doença, na riqueza e na miséria...

18

Acrescente o sexo ao amor e à amizade e terá +amor

O amor corresponde, ao mesmo tempo, a um prazer negativo, relacionado com a sensação de aconchego, e também às delícias da cumplicidade e da sinceridade livre de julgamentos, que caracteriza o enorme prazer positivo da amizade — do amigo não sentimos a falta que sentimos do amado.

Sempre que me perguntam qual a importância do sexo nas relações amorosas estáveis respondo da mesma forma: o sexo não tem importância alguma desde que vá bem! Não pensem que é fácil introduzir o sexo neste já adorável convívio entre amigos que também são namorados. É preciso criatividade, compreensão de que o sexo é excitação e não paz e aconchego. É preciso que ambos sejam cúmplices também aí na criação de clima e fantasias.

Onde existe amor e confiança não existe insegurança nem o medo de perder que tanto pode estimular o erotismo. Assim, pode ser que o desejo apareça como menos intenso. Isso é um bom sinal, sinal de que não é preciso criar teias eróticas para prender o amado já que a relação está consolidada.

Os estímulos tácteis e as fantasias compartilhadas é que determinarão a excitação do casal que se ama. As trocas de carícias, livres e sem limites, serão deliciosas, ainda que a frequência seja um pouco menor (até porque as outras formas — igualmente adoráveis — de intimidade competem com o sexo). A esse tipo de relacionamento completo e pleno entre duas pessoas é que tenho chamado de "mais que amor", ou simplesmente +amor. É mais que amor porque implica o aconchego amoroso, a amizade e a plena cumplicidade para o gozo dos prazeres eróticos. É uma lástima que ainda seja um tipo de encontro tão raro.

19

Cultive amigos de verdade

Muitas palavras têm sido usadas de forma extremamente leviana, que subtrai delas o real significado. Uma delas é "amizade", que deveria ficar reservada para descrever aquelas alianças fortíssimas que se estabelecem entre duas ou mais pessoas em virtude das afinidades intelectuais e do prazer peculiar que a presença de cada uma delas provoca nas outras. Amigos de verdade são sempre poucos, sendo usual que tenhamos um que é sentido como o melhor de todos.

O sentimento nas amizades é muito parecido com o amor: ficamos à vontade para agir com espontaneidade quando estamos em companhia de um amigo. O prazer derivado das trocas de ideias é enorme. Adoramos relembrar as experiências que compartilhamos no passado. Encanta-nos a forma de fazer humor e de rir que nosso amigo tem. O encantamento da amizade se distingue do amor por dois aspectos, sendo que um deles tem que ver com a sensação de aconchego e o outro, com a falta que o amigo nos faz. A saudade do amigo não dói como dói a falta da pessoa amada, de quem dependemos de uma forma mais intensa e, até certo ponto, mais imatura — infantil — justamente porque nos provoca a sensação de aconchego que nos apazigua como se fôssemos criancinhas.

Amigos de verdade são os que despertam em nós o prazer da companhia e também a plena e absoluta confiança de que agirão sempre com lealdade. Na vida atribulada de hoje em dia temos muitos conhecidos, pessoas com as quais convivemos com reservas. Conhecidos podem ser pessoas muito agradáveis e de convívio delicioso. Podem ser em grande número e ótimos para contatos superficiais. É bom ter conhecidos e cultivar esses relacionamentos. Porém, são diferentes daqueles poucos amigos em quem podemos confiar cegamente.

20

Só se case depois de ouvir os que te querem bem

Esta recomendação pode parecer tola numa época em que o casamento não depende mais da aprovação dos pais. No passado, eram eles que escolhiam nossos cônjuges, sendo que o número de casamentos bem-sucedidos naqueles tempos era maior do que na atualidade. É claro que a vida era bem diferente, mais simples e sem tantas fontes de atrito como hoje (tanta variedade de programas, facilidade de locomoção que permite opções de viagens, além de tantas outras situações que podem gerar diferenças de opinião).

Agora as pessoas se casam porque estão sentimentalmente encantadas. E isso, como regra, exclui uma rigorosa avaliação intelectual e moral do parceiro. Ou seja, um homem se encanta pela beleza e sensualidade da mulher e não cuida mais de saber se ela é pessoa confiável, de bom caráter, de gênio compatível com o seu, se tem projetos de vida semelhantes e assim por diante. O que irá acontecer depois? Brigas derivadas justamente das diferenças de temperamento, caráter e que geram divergências grandes nos pontos de vista. É bom lembrar que não estamos mais na época em que os homens decidiam e pronto.

Os pais — e também os outros parentes e amigos queridos — continuam a ver a pessoa que namoramos de uma forma mais isenta, sem a perigosa peneira do encantamento. Têm melhor condição de avaliar os aspectos essenciais da personalidade, inteligência, formação moral e tantas outras propriedades que, no longo prazo, são muito mais importantes que a beleza e o charme.

Ao reconhecermos que ficamos perturbados em nosso juízo crítico por estarmos apaixonados, nada mais justo que ouvirmos, com a mente aberta, o que tem a nos dizer aqueles que temos certeza que querem nosso bem.

21

Procure alguém que seja companheiro para as horas boas

No passado, as escolhas amorosas, sempre relacionadas com o casamento, eram baseadas no fato de que o par teria de viver a situação de grandes adversidades concretas. A vida cotidiana era muito difícil. Um exemplo esclarecerá tudo: em área rural, há 100 anos, a boa companheira dos colonos era a mulher forte, capaz de cortar a lenha e carregá-la para casa. As mulheres não tinham de ser belas ou sensuais. Tinham de ser fortes.

Os relacionamentos ideais naqueles tempos eram fundados nas diferenças de temperamento e caráter. Uma pessoa mais dócil teria uma vida melhor ao se unir com outra mais agressiva e guerreira, capaz de lhe prestar um grande serviço de proteção contra intrusos e "folgados". Se o homem fosse mais sonhador e não soubesse cuidar bem da vida prática, a mulher ideal para ele seria aquela mais objetiva e eficiente.

O mundo mudou muito, e a vida cotidiana tornou-se bem mais fácil e agradável, ao menos para uma boa parte da população. É claro que os eletrodomésticos diminuíram muito a importância do vigor físico necessário às prendas domésticas. Os homens sabem cozinhar e as mulheres trabalham fora e ganham o seu dinheiro.

Essas mudanças exigem novos critérios de escolha dos parceiros. Nossas necessidades básicas podem ser resolvidas individualmente. Porém, a maioria de nós só gosta de ir ao cinema acompanhado, viajar com um parceiro amado etc. Hoje precisamos de alguém para nos acompanhar nas horas de lazer e não mais de alguém que necessariamente nos complete. Precisamos de gente parecida com a gente e que goste das mesmas atividades. Sai a ideia de complemento e entra a de afinidades!

22

Pense na possibilidade de viver só

A sociedade era implacável com aquelas pessoas que saíam do padrão proposto por ela. Todas as pessoas tinham de se casar e ter filhos. As que não seguissem a norma eram malvistas, objeto de discriminação e de apelidos jocosos. A moça depois dos 30 anos era a "solteirona" e o homem era "maricas". A vida prática era bem mais dura. A população da Terra ainda não era a ideal, de modo que a pressão na direção da reprodução se justificava (ao contrário do que acontece hoje).

As facilidades práticas hoje são enormes. Há comida congelada e fornos de micro-ondas. Os restaurantes e lanchonetes proliferam. Os apartamentos com serviços são comuns. Homens e mulheres trabalham e ganham o próprio dinheiro. Os equipamentos eletrônicos — TV, computador, aparelhos de som etc. — podem nos entreter o tempo todo. Além disso, vivemos em uma época na qual cresceu muito o respeito pelo modo de viver de cada um: não há mais problemas para uma pessoa sozinha chegar desacompanhada a uma festa ou ir a um restaurante.

Os preconceitos sociais foram substituídos, em parte, pela inveja daqueles que, mal acompanhados, adorariam estar sozinhos em muitas dessas situações. O maior problema para se viver só — isso para os que têm um perfil mais individualista — é que, vez por outra, será preciso conviver com a sensação de incompletude e com aquele "buraco" no estômago que nos acompanha desde o nascimento.

É verdade que o "buraco" se atenua quando estamos em boa companhia. É verdade também que, ocupados, o sentimos menos. Além disso, é dor com a qual nos acostumamos. Ela tende a diminuir com o passar do tempo. Mas não deve jamais ser razão para a pessoa preferir uma companhia qualquer.

23

Cultive nossa natural curiosidade intelectual

Sempre me surpreendo quando observo as crianças a partir do fim do primeiro e início do segundo ano de vida. Elas passam a circular pelos ambientes, mexem em tudo, colocam na boca; tentam montar as peças deste quebra-cabeça que é o mundo ao seu redor. Nascem com o *hardware* pronto, mas o *software* está sendo produzido por meio desse encontro com as palavras e coisas próprias da cultura na qual estão se formando.

Elas aprendem a chamar tudo pelo nome e, com isso, dão início ao aprendizado da nossa maior virtude, que é a linguagem. Tentam entender para que servem os objetos. Estão aprendendo e o fazem de forma insaciável e com grande satisfação.

Há momentos gloriosos ao longo do processo. Quando uma criança entende, por exemplo, o funcionamento de um rádio, ela exulta: aperta um botão e surge o som; aperta de novo e ele desaparece! A cara de espanto inicial dá lugar a um sorriso de satisfação indescritível, como se ela tivesse sido capaz de entender um dos maiores mistérios do Universo.

O triste é que, para um grande número de pessoas, este enorme prazer relacionado com o acréscimo de conhecimentos vai desaparecendo com o passar dos anos. É como se elas se sentissem satisfeitas com o que já foram capazes de entender. O mais provável é terem desistido por encontrarem dificuldades crescentes, o que é verdade na montagem de qualquer quebra-cabeça. Abrem mão dessa fonte inesgotável de gratificações relacionadas com o exercício da curiosidade. Os que aprenderam menos do que o mínimo necessário para o pleno exercício das atividades sociais mais interessantes ficam condenados a uma vida mergulhada na mediocridade.

24

Aproveite os prazeres que derivam da atividade intelectual

As crianças crescem em ambientes mais ou menos sofisticados nos quais sempre ouvem algum tipo de música: é o primeiro encontro delas com este prazer extraordinário, produto da nossa capacidade intelectual. A grande maioria das músicas que elas ouvem contém ritmos que provocam um natural desejo de mover o corpo, e aí já estamos diante de um outro tipo de prazer, que combina as delícias da atividade mental com as do corpo.

Aos poucos as crianças descobrem os desenhos animados e começam a se entreter, e muito, com as imagens que passam pela frente de seus olhos. Elas enchem a mente de alegria e também de outras emoções surpreendentes (medo, revolta, tristeza e tantas outras). Descobrem, aos poucos, o mundo dos sonhos e da imaginação.

Hoje em dia ainda existem os divertimentos ativos: os jogos em que elas disputam contra um computador — ou com outras crianças — e nos quais se introduz um elemento competitivo que pode até ser atraente, mas que não corresponde ao puro prazer intelectual. Outras ações poderão levá-las para junto das revistas infantis, nas quais encontram mais uma importante fonte de prazer: a leitura.

Os livros e os filmes serão companheiros de muitos dos nossos momentos de tristeza e solidão, amenizando nossas dores em todas as fases da vida. A música dificilmente nos abandonará. Nossa mente funciona como se fosse um computador capaz de nos deleitar com momentos extraordinários de prazer. Só mesmo uma pessoa insana poderia abrir mão deles. Com o passar dos anos, a tendência é a sofisticação e o cultivo de atividades mais complexas, de modo que a satisfação que conseguimos extrair delas seja definitiva e ilimitada.

25

Acautele-se contra pensamentos e condicionamentos herdados

Aprendemos pela boca dos nossos pais e dos outros adultos que nos acompanham. Eles nos transmitem pontos de vista prontos, conceitos que incorporamos como verdadeiros sem nos preocuparmos com sua adequação ou eficácia. Podemos chamá-los de crenças; são pontos de vista que aceitamos sem pensar muito sobre eles. São transmitidos de uma geração para a outra e formam o alicerce do nosso sistema de pensamentos.

Com o passar dos anos, temos de considerar a possibilidade de que uma certa crença não explica de modo adequado o que observamos na realidade atual, sempre em rápida transformação. A forma tradicional de pensar, concentrada em frases do tipo: "como dizia meu pai", ou então "desde criança eu ouço que...", não deve nos impressionar tanto. A antiguidade de uma ideia não significa que seja mais verdadeira.

Aos poucos temos de formar nossos próprios juízos. É preciso respeitar os pontos de vista dos mais velhos sem perdermos a iniciativa de buscarmos novas formas de ser e de pensar. Somos obrigados a isso sempre que a crença original na qual acreditávamos não estiver mais dando conta de explicar o que se apresenta à nossa frente.

Trata-se de um momento dramático, pois ficamos numa situação difícil, porque não acreditamos mais numa dada crença e ainda não temos um novo ponto de vista para colocar em seu lugar. Estamos no meio de uma travessia, num mar de dúvidas. Para trás não podemos ir. Devemos ir adiante e usar nosso potencial para encontrar uma ideia nova. Saem as crenças e entram as ideias que nós próprios construímos. Quem não for capaz disso irá paralisar sua evolução intelectual.

26

Mantenha um "caderno de dúvidas"

De repente algumas das nossas convicções não nos satisfazem mais. Aqueles pontos de vista (aprendidos com os mestres que ajudaram a nos formar) que por tanto tempo nos serviram bem agora não explicam nem resolvem os problemas que temos de decifrar. Estamos navegando no mar das dúvidas. Quando encontramos rapidamente novas soluções, o desconforto é de curta duração.

As dúvidas implicam sofrimento, e isso leva muitos a preferirem não evoluir em seus pensamentos e a se acomodar. Pessoas mais vigorosas tratarão de suportar a dolorosa sensação de se sentirem perdidas; não terão muita pressa em encontrar novas explicações para substituir suas antigas crenças. Farão isso com mais critério.

Por vezes não conseguimos encontrar nenhuma ideia nova para substituir as crenças que fomos obrigados a abandonar; isso pode perdurar pela vida afora. É o caso dos fenômenos que nos aparecem pela primeira vez. Vejam o exemplo da telepatia: de repente alguém se vê vivenciando-a e é forçado a reconhecer que existe de fato comunicação entre duas mentes que não passa pelos órgãos dos sentidos.

Se a pessoa tiver competência apenas para suportar alguns minutos de dúvida, precisará aderir apressadamente a alguma hipótese insatisfatória (por exemplo, de que se trata de ondas eletromagnéticas). Se for mais competente, ficará numa posição bem mais confortável: não saberá qual é a explicação para o fenômeno e nem por isso terá de negar sua existência. A telepatia irá para o "caderno das dúvidas", dos fatos que ainda não sabemos explicar. As boas respostas virão, um dia, de alguém capaz de manter este caderno por vários e vários anos.

27

Aprenda com prazer e não se envergonhe de mudar de opinião

Acho importante pensarmos um pouco sobre o que seja estudo e aprendizado. É claro que existe uma diferença entre assistir a um bom filme e preparar-se para um exame, entre ir a um *show* de música e fazer um seminário a respeito de um livro. A grande diferença não é que uma atividade é atraente e intrigante e a outra chata e desinteressante.

A diferença é que uma implica puro deleite e a outra, compromisso e risco de má avaliação. Se acontecesse o inverso, acharíamos mais divertido ler um livro de ensaios por prazer pessoal do que ler um romance interessantíssimo para nos prepararmos para o exame vestibular. A simples consciência de que temos de fazer alguma coisa nos limita. Aprender é um grande prazer e ter o dever de responder pelo que aprendemos é uma responsabilidade. Se lidarmos bem com ela, sentiremos mais o prazer.

Aprender significa tomar posse de novas informações e de novas formas de correlacioná-las. Elas irão se misturar com nossas antigas crenças e com as ideias que havíamos construído até então. Poderão surgir contradições que nos obriguem a alterar alguns dos nossos pontos de vista. Alguns dirão: "mas você não pensava assim antes". Isso não é fraqueza. Significa apenas que você é um ser em evolução, em permanente mudança.

O que indica falta de opinião — e de caráter — é o modo de agir das pessoas que, a cada momento, fazem e falam coisas diferentes. Aquelas que falam coisas quando estão sentadas e não as sustentam ao se levantarem! É diferente daqueles que pensam sobre a vida, estudam, tratam de aprender sempre e, de tempos em tempos, têm a satisfação de se apropriar de pontos de vista mais adequados.

28

Aprenda com os mestres e também com a vida

Parece que a palavra "aprender" significa algo diferente de "sentir prazer". Penso o contrário: o comportamento das crianças que dão seus primeiros passos e fazem suas primeiras descobertas mostra quanta alegria exala de seus rostos. O prazer que elas experimentam diante de cada nova conquista é o mesmo que nós, adultos, podemos experimentar quando aprendemos algo de novo.

Aprender é um prazer mesmo quando está relacionado com obrigações, escolas e exames. É claro que nesses casos existe também o componente do medo de avaliações negativas, o que pode ser perturbador para uns. Outros temem o caráter competitivo que imprimem aos estudos — o que impede a devida separação entre prazer de aprender e o de vencer uma disputa.

Na escola aprendemos com nossos professores. Em casa, com nossos pais, avós e demais parentes. Nos livros clássicos, com os sábios do passado e que, por isso mesmo, tornaram-se imortais. Aprendemos quando assistimos a um filme intrigante em que novas ideias se manifestam (os artistas sempre foram os precursores dos pensadores e dos cientistas). Aprendemos quando decidimos tocar um instrumento musical e quando desejamos falar uma língua estrangeira.

Não devemos desconsiderar nenhuma situação da vida real na qual possamos agregar algum tipo de conhecimento. Uma conversa com um amigo bem informado (os diálogos sempre foram uma forma eficiente de conhecimento) pode esclarecer dúvidas sobre assuntos importantes. Aprendemos com estranhos, com os de pouca cultura, com os programas de televisão. Aprendemos muito também ao refletirmos sobre os acontecimentos da nossa vida. Neste caso, aprendemos por nossos próprios meios, o que também é bom.

29

LIMITE

Dedique-se apenas ao que depende de você

Agora estamos diante de uma das questões mais antigas e importantes relacionadas ao nosso bem-estar: aprendermos a conhecer nossos limites de atuação e conseguirmos nos manter dentro deles. Isso no que diz respeito às outras pessoas, sobre as quais sempre temos menos influência do que gostaríamos, e também no que tange à nossa própria vida. O amor é um bom exemplo das nossas limitações, pois só temos controle sobre 50% das ações a ele relacionadas. A maioria das pessoas não respeita isso, especialmente quando estão em vias de perder a pessoa amada — querem mandar no coração dela, o que é patético.

Podemos cuidar muito bem da nossa saúde, mantendo uma alimentação adequada, fazendo exercícios, evitando os vícios e visitando regularmente médicos e dentistas. Tudo isso diminui as chances de contrairmos uma doença incapacitante ou mortal, mas não impede que tenhamos uma surpresa negativa. O mesmo acontece no trabalho: nossos resultados dependem um pouco de nós e outro tanto de outros fatores, não controláveis.

Nossa atenção tem de estar focada em fazermos bem nossa parte: para manter um bom relacionamento amoroso precisamos ser amantes legais, leais e dedicados. No trabalho e na saúde também nos cabe fazer bem o que nos compete. Não convém gastarmos energia tentando interferir sobre os outros.

Não desconsidero nosso poder de influência sobre o meio externo, mas não devemos supervalorizá-lo. A melhor forma de interferirmos nesse meio é através das nossas próprias condutas. Os filhos, por exemplo, se espelham no exemplo de seus pais e não em suas palavras. Porém, o que eles vão ser quando adultos dependerá também de outras tantas variáveis que escapam totalmente do controle dos que os educaram.

30

Aceite com docilidade tudo o que não depende de você

Existem coisas nas quais nosso poder de influência é limitado, como nos relacionamentos amorosos, na boa saúde, sucesso no trabalho e mesmo na educação dos filhos. Em outras, nossa capacidade de interferir é ainda pior: nula. É o caso, por exemplo, dos desastres naturais (furacões, terremotos, enchentes etc.), que podem alterar o rumo de nossas vidas sem que tenhamos defesa alguma. Quando penso nessas tragédias fico perplexo ao ver como as pessoas se aborrecem com os pequenos acidentes de carro (também inevitáveis quando a culpa não é sua) ou com perdas financeiras menores.

A docilidade diante do que é adverso é sinal de maturidade emocional, de que a pessoa renunciou a qualquer pretensão de onipotência e que conseguiu reconhecer-se como pequena diante do Universo. Implica boa tolerância a frustrações e contrariedades. Pessoas imaturas reagem com raiva e revolta diante das adversidades, enquanto as mais maduras ficam apenas tristes. Aceitam que as coisas ruins também podem acontecer com elas.

As situações mais difíceis de lidar e que exigem um posicionamento correspondem àquelas em que temos algum poder de influência (nos outros casos, é óbvia nossa impotência) mas não sabemos bem definir os limites. A maior parte das pessoas costuma tentar avançar ao máximo, o que provoca certa interferência sobre direitos alheios.

Muitas dizem que por amor é válido agir assim, no que diz respeito tanto aos relacionamentos homem-mulher como aos de pais-filhos. Penso o contrário: quanto mais relevantes forem as pessoas envolvidas, maior deve ser o cuidado para que não as ofendamos. Se isso acontecer, acabaremos desperdiçando o pouco poder de influência que ainda tínhamos. Em caso de dúvida, prefiro errar por omissão a errar por desrespeito.

31

Cobre de si empenho, mas não resultados

Insisto na importância de respeitarmos nossos limites porque sei o quanto sofrem as pessoas que não agem adequadamente neste aspecto. Um exemplo dramático é o de um médico jovem que esteve em um plantão e tomou decisões cujo impacto tenha levado o paciente à morte. Ficará péssimo. Se não entender que o médico não é o único responsável pelo que irá acontecer aos seus pacientes, é provável que ele venha a morrer de infarto antes da hora. Sentir-se triste é normal e adequado. Não cabe, porém, achar-se culpado.

Quando um estudante se prepara para um exame difícil estará sujeito a uma variável imprevisível: os temas que serão abordados. Pode acontecer de ele se sair muito bem ou então fracassar, jogando por terra o esforço de meses. Isso vale para o resultado, mas não para sua autoestima, desde que ele tenha entendido que não podemos nos cobrar resultados que não dependem exclusivamente de nós.

Sou médico e falo na primeira pessoa. Posso e devo cobrar de mim aplicação, honestidade intelectual e boas intenções em relação aos meus pacientes. Tenho grande empenho em manter-me atualizado, em estar atento e interessado neles. Agora, não posso cobrar de mim resultados, pois eles dependem de muitas variáveis sobre as quais não tenho domínio.

Não controlo os efeitos colaterais dos medicamentos que prescrevo. Não controlo sequer se eles estão sendo ingeridos regularmente e na dose certa. A vida das pessoas é cheia de condições inesperadas, de modo que também não devo me gabar de bons resultados decorrentes de acontecimentos positivos durante o tratamento (um encontro amoroso ou um avanço profissional, por exemplo). Da mesma forma, não posso me responsabilizar pelos efeitos negativos derivados de perdas de pessoas queridas, tragédias financeiras etc.

32

Tenha na disciplina e na persistência suas maiores armas

A experiência ensina — e observações sistemáticas confirmam — que os melhores resultados nem sempre são obtidos pelas pessoas mais bem dotadas de inteligência. É possível que elas tenham mais e melhores ideias, mas conta mesmo a capacidade de transformá-las em algo concreto e útil. Aí é que entram a persistência e a determinação. Uma boa ideia surge em nossa mente em poucos segundos, ao passo que sua implementação pode demorar meses, senão anos.

Pessoas cheias de boas ideias costumam se atrapalhar com a "fartura" e correm o risco de se dispersar, largando-as pelo meio. As que tiverem o bom senso de não sair do foco e tratarem de extrair todo o potencial de uma boa ideia terão conseguido realizar uma tarefa muito mais importante. Não são necessárias tantas ideias ótimas. Importante é nos disciplinarmos para percorrer todo o longo caminho que separa uma boa ideia do fato novo que ela é capaz de gerar.

Disciplina é essencial também para o bom andamento das coisas mais simples da vida: a prática regular de exercícios, a pontualidade nos compromissos, a alimentação adequada, a regularidade nos estudos etc. Não penso em disciplina como algo que alguém nos impõe e sim como um plano que determinamos para nós próprios. Não penso em obediência e sim em cumprir o que combinamos com nós mesmos!

Ao não cumprirmos com o que combinamos teremos um grave rebaixamento em nossa autoestima. O inverso também acontece, e cada vez que eu termino a série de exercícios físicos a que me propus, por exemplo, experimentarei a deliciosa sensação de bem-estar que deriva de ter cumprido o combinado. Trata-se, pois, de algo sério, de modo que é bom pensar duas vezes antes de nos propormos alguma nova tarefa.

33

Cuide mais da autoestima do que da vaidade

Cada vez mais penso em como é importante fazer a distinção entre o juízo que cada um de nós faz acerca de si mesmo — e que corresponde à autoestima — e o que as pessoas pensam da gente — avaliação externa que, quando positiva, alimenta nossa vaidade. A confusão costuma tomar conta até mesmo dos profissionais de Psicologia, que usam expressões vagas do tipo "isto fez muito bem para o ego". Apesar de serem tratadas como sinônimos,penso que estamos diante de duas condições completamente diferentes, ambas agradáveis, sendo uma essencial e outra supérflua.

Não desprezo o peso da vaidade, prazer erótico de se destacar e de provocar a admiração e o desejo das pessoas em geral. Pode acontecer, com alguma frequência, que vaidade e autoestima não coincidam. Por exemplo: posso ter sucesso com um trabalho que eu mesmo não aprecie tanto.

No caso acima, a vaidade está alimentada, e a autoestima, não. Posso ser disciplinado e tratar todas as minhas tarefas com seriedade e isso fazer bem à minha autoestima sem que ninguém saiba de nada, de modo que a vaidade não estará sendo alimentada. Posso me orgulhar de uma conduta que é objeto de crítica por parte das outras pessoas. Aí a autoestima será elevada enquanto a vaidade será rebaixada.

O mais importante é cuidar da autoestima, de como avaliamos nosso modo de ser. É com nós mesmos que teremos de conviver até o fim dos dias. As pessoas são volúveis e hoje valorizam coisas que amanhã serão irrelevantes. A vaidade é muito gratificante, mas é perigosa, uma vez que corresponde a um sopro, a uma bolha de sabão. É prazer momentâneo, ao passo que a autoestima pode ser duradoura.

34

Não avalie o outro por si mesmo: cada pessoa é única

"Eu, no lugar dele, jamais teria agido daquela forma"; esta é das frases que mais ouço. Indignadas, as pessoas sempre estão se referindo a alguma atitude que o outro tomou e que elas acharam indevida ou injusta. Tomam a si mesmas como referência de perfeição e de virtude. "Eu no lugar dele" contém erros de avaliação incríveis. Eu não estou no lugar dele; não sou ele, não tenho a história de vida dele, não estou no corpo dele e não tenho a mente que se desenvolveu em seu cérebro.

Gostamos muito de pensar nas semelhanças que nos unem aos outros membros da espécie humana para não nos sentirmos tão solitários. Ao percebermos como as diferenças são marcantes — especialmente no que diz respeito ao nosso modo de pensar e de sentir — , teremos mais dificuldade para nos sentirmos integrados e, principalmente, entendidos.

Apesar de todos termos os mesmos elementos na face, não existem dois rostos iguais — nem sequer nossa metade direita é igual à esquerda! No cérebro existem 100 bilhões de células dispostas de uma forma peculiar e que estiveram expostas a vivências muito particulares. Assim, a grande e rara experiência corresponde a encontrarmos alguém que pense de modo muito parecido com o nosso.

Colocar-se no lugar dos outros levando junto vivências pessoais e o próprio código de valores sempre implicará conclusões precárias. Quem quiser entender o outro tem de tentar ser como os *hackers*: entrar no *software* do outro sem ideias preestabelecidas e tratar de entender como é que aquele psiquismo funciona. Fazê-lo de forma isenta, sem tomar a si mesmo como referência. É claro que é uma tarefa muito mais difícil e que exige grande desprendimento.

35

Cuidado com as comparações: elas podem gerar inveja

Ao nos compararmos uns com os outros pensamos que podemos fazê-lo porque estamos comparando gente com gente, assim como podemos comparar um tipo de arroz com outro tipo de arroz. Agora, não podemos comparar arroz com feijão, pois são de natureza diferente. Só podemos comparar feijão com outros tipos de feijão.

Sendo criaturas únicas, não podemos nos comparar com nenhuma outra. Como não nos percebemos assim, acaba acontecendo o desdobramento inevitável deste erro, que é nos acharmos superiores ou inferiores àqueles com quem nos comparamos. Estamos sempre nos sentindo acima ou abaixo desta ou daquela pessoa. Quando estamos por cima, nossa vaidade se sente alimentada. Quando nos achamos por baixo, experimentamos a dor da humilhação.

O interessante é que aquele que se sente por baixo, humilhado por não possuir as qualidades que está atribuindo ao outro, sente-se pessoalmente agredido por este fato. Vivencia a humilhação ao se comparar com alguém mais bonito, mais rico ou mais inteligente e reage com raiva, com sede de vingança ou de destruição.

A inveja corresponde à reação agressiva contra algo que nunca existiu, uma vez que a pessoa não tem culpa de ser mais bonita e não fez nada para incomodar. O invejoso deseja destruir a propriedade que ele admirou no outro; ou destruir o outro como um todo. Nas suas versões mais benignas, a inveja pode se transformar em algo estimulante: pode me ajudar a perceber quais são as qualidades que aprecio no outro e quero para mim. Ainda assim, trata-se de um erro, pois sábio é tratarmos de desenvolver nossas potencialidades e nada mais.

36

Cuidado com as palavras: pessoas de "gênio forte" são fracas

Temos de nos acautelar com a forma como funciona nossa mente. Os erros não derivam apenas de comparações que fazemos com os outros. Podem ser gerados dentro do nosso psiquismo pelo uso indevido das palavras. É sempre bom prestar atenção, pois são elas que permitem a plena utilização do cérebro. Muitas são perigosas, pois, além de descreverem um objeto, situação ou ação, trazem consigo um juízo de valor. É o caso de palavras como "forte" e "fraco".

Pessoas de gênio forte são aquelas que, não tolerando contrariedades, reagem com raiva e violência diante das adversidades da vida, até mesmo das mais triviais e cotidianas. Parecem fortes porque gritam muito e não raramente se mostram dispostas a brigar por qualquer coisa. Dizem que são criaturas muito sensíveis e que reagem assim porque sofrem mais pelas mesmas dores.

Não temos meios de avaliar quem é mais ou menos sensível. O fato de gritar mais numa situação dolorosa não significa que a pessoa seja mais sensível; é apenas mais barulhenta! Significa também que não tem controle adequado sobre sua agressividade. Não ter controle sobre si mesmo é fraqueza e não força. Forte é a pessoa que, sentindo as frustrações que a vida nos impõe, as tolera com dignidade. O forte é o que carrega sozinho sua cruz.

Pessoas "mais sensíveis e de gênio forte" costumam ser poupadas por todos com os quais convivem. Isso para evitar os estouros agressivos e as brigas desagradáveis. Porque as reconhecem como fracas. Não se poupa o forte e sim o fraco. Pessoas mais fortes costumam ser mais controladas e mais preocupadas em não magoar o próximo. Acabam se convencendo de que são "fracas" porque não conseguem ser firmes com os "fortes" por medo da reação violenta deles. Quanta confusão desnecessária e perigosa!

37

Cuidado com o sentimento de culpa: ele nem sempre é justo

A culpa pode ser definida como uma tristeza que deriva de a pessoa sentir-se causadora de um dano indevido a uma outra. Podemos causar o dano de modo involuntário — ao atropelarmos uma pessoa — ou então como reação deliberada a alguma maldade da qual nos sintamos vítimas. Poucas são as ações agressivas gratuitas, e quem as pratica não sente culpa, que é consequência da capacidade de nos colocarmos no lugar da outra pessoa e imaginarmos o que ela pode estar sentindo.

Quando o fato é concreto, como os descritos acima, é fácil saber se somos ou não culpados. Porém, existem muitas situações bem menos claras. Se um parceiro sentimental se sente ofendido porque o outro não agiu de uma dada forma, isso pode significar que, de fato, este último foi indelicado ou mesquinho. Mas também pode querer dizer que aquele que ficou irritado fazia exigências absurdas e se aborreceu porque não foram atendidas.

Quando aquele que não atende às exigências absurdas sente culpa, pensa e sente de forma equivocada. Ele está sendo objeto mesmo é de chantagem sentimental: provocar a culpa no outro para que ele satisfaça um desejo ao qual não se tem direito. Ele é vítima de uma pressão indevida. O vilão é o chantagista.

Considero fundamental pensarmos seriamente nos casos em que sentimos a culpa. Ela é própria das melhores pessoas, presa fácil de seus parceiros, colegas de trabalho e mesmo amigos, nem sempre portadores de sentimentos iguais aos seus. Observamos aqui, de forma dramática, as consequências do erro de nos colocarmos no lugar do outro. Esse outro pode não ser tão leal conosco e irá se aproveitar de nossa forma de ser para, pela via dos sentimentos de culpa, extrair de nós o que não lhe devemos.

38

Cuidado com os ciúmes: nem sempre são prova de amor

Uso a palavra no plural porque acredito que existam dois tipos de ciúme: um ligado ao aspecto sexual e o outro, aos fenômenos sentimentais. Este último pode se manifestar num pai, por exemplo, em função da enorme dedicação que sua esposa dispensa ao seu filho, amado e também rival. O marido pode sentir ciúme da intimidade da mulher com a mãe ou irmão dela sem que lhe passe pela cabeça qualquer temor de cunho erótico.

O ciúme amoroso deriva do caráter possessivo do amor, ao menos em sua versão mais comum e mais imatura. Queremos ser a pessoa mais importante para o amado o tempo inteiro, mesmo na presença de outras pessoas importantes. Queremos ser a prioridade o tempo todo. Quem está no centro do triângulo tem de tentar agir com sabedoria para não magoar aqueles que tanto gostam dela.

Cabe a quem ama lutar contra o ciúme a toda hora e não aceitá-lo como fato inevitável. O principal é que, em hipótese alguma, devemos achar que este sentimento nos dá direitos: não é porque amo e sinto ciúme da intimidade da minha amada com alguém que posso interferir no comportamento dela. O amor não dá esses direitos. Menos ainda o ciúme que deriva dele.

O ciúme sexual aparece quando um homem percebe que um outro está olhando com desejo para sua mulher e principalmente quando ela dá sinais de que sentiu o golpe. O inverso também existe: a mulher percebe que seu marido olhou com desejo outra mulher. Isso para falar de situações mais leves em que nada acontece de fato. Não há solução para isso, pois os homens sentem mesmo desejo visual, e as mulheres se excitam ao se perceberem desejadas. É a biologia, e é inevitável. Tem mais que ver com a vaidade do que com o amor. Só tratei dos casos em que o ciúme não tem base na realidade.

39

Não tenha medo de sentir medo

O medo, este complexo de reações físicas — taquicardia, suor frio, tremores etc. — que se expressa de uma forma dolorosa em nossa mente, é parte dos nossos mecanismos de autopreservação. Se ele não existisse, nos defenderíamos mal das adversidades externas. É sinal de alerta, de que corremos algum risco. Deve ser tratado como amigo e não como algo do qual devemos nos livrar.

Em virtude da forma como funciona nosso cérebro, temos a capacidade de associar o medo a situações já vividas e que foram consideradas perigosas. Assim, se levamos um grande susto num desastre de automóvel, passamos a sofrer por antecipação sempre que tivermos de entrar num carro. Formam-se medos de situações onde o risco é muito pequeno e nos quais o sofrimento é desproporcional a ele. Uma pessoa pode passar a sentir medo de voar, de andar em elevadores, de ir a locais que concentram muitas pessoas etc.

Se não nos acautelarmos, tenderemos a transformar a lista dos medos em outra, a das situações que iremos evitar. Na prática, isso implica fugir das situações que provocam o medo por força de um risco baixíssimo de sofrimento. Estamos diante do mau uso de um ótimo equipamento de defesa de que a natureza nos dotou. Passamos a ter medo de sentir medo.

Este é o mecanismo típico dos reflexos condicionados, presentes em muitos animais. Temos nossa razão e não devemos esquecer que isso nos distingue deles de forma espetacular. Podemos avaliar com precisão os riscos que corremos. Podemos decidir quais são os perigos reais e quais os que derivam de condicionamentos. Enfrentaremos os que nossa razão sugerir. Enfrentar é passar medo! O medo é vencido pela força da razão que se chama coragem. Quem não tem medo não precisa de coragem.

40

Cuidado com a razão: ela não gosta de ficar desocupada

Os que sonham com o dia em que não precisarão mais trabalhar e terão todo o tempo livre para não fazer nada talvez encontrem problemas inesperados, pois essa ociosidade só é possível por algumas horas, ao menos para as pessoas mais inteligentes. Depois, só conseguiremos ficar bem se fizermos uso de algum tipo de droga, como a maconha ou o álcool. Curiosamente, a maconha chegou aos jovens da classe média nos anos 1960, quando eles resolveram cruzar os braços e não fazer nada em protesto contra a guerra do Vietnã.

Nosso equipamento psíquico foi "construído" com a finalidade básica de resolver problemas para depois servir ao que hoje chamamos de curtição. Quando acordamos, nosso primeiro pensamento é exatamente aquilo que está mal resolvido: pensamos no dinheiro faltando, na briga com o parceiro amoroso, naquela dor no joelho que não passa. Ninguém acorda pensando como é feliz por ter tantas coisas boas. Parece que fomos moldados mais que tudo para cuidarmos de nós e da nossa sobrevivência.

Nos momentos de descanso ou naqueles raros períodos em que tudo vai bem, temos a oportunidade de vivenciar uma diminuição da atividade mental. Aí é preciso cautela, pois muitas vezes passamos a ter pensamentos negativos, pessimistas, destrutivos. É como dizem: "cabeça vazia é oficina do Diabo". É preciso pensar bem se temos condições de viver o ócio pelo ócio.

Penso que os momentos de descanso, aqueles em que não estamos trabalhando, devem ser usados em outras atividades que também solicitam nossa atenção e que são menos tensas que o trabalho, onde lidamos com responsabilidades. Aí entram as atividades esportivas, as leituras, os filmes, a música. Tudo menos ficar olhando o teto, pois isso só pode nos deprimir.

41

Você não tem de ser como "todo mundo"

As pessoas vivem cobrando umas das outras um comportamento que esteja de acordo com o padrão. Se a maioria dos jovens gosta de frequentar baladas nas noites de sábado e algum dos membros da turma decide ficar em casa lendo um livro que está lhe interessando, ele será censurado, já que, afinal de contas, "todo o mundo está indo". É como se a maioria sempre tivesse razão e quem não a segue está agindo mal. O curioso é que isso vale tanto para as coisas importantes como para o lazer, espaço da liberdade.

Primeiro, penso que nem sempre a maioria está mais certa do que os pequenos grupos que a contestam. Aliás, a vida em sociedade só progride graças aos que questionam os pontos de vista estabelecidos. Isto no que diz respeito às questões sérias, como estilo geral de vida, modo de se alimentar, hábitos de higiene. Na política, por meio do voto, é claro que a maioria deve eleger os futuros governantes e depois cobrar o que prometeram. Não são raras as situações, no entanto, em que a maioria erra tanto nas escolhas políticas como no estilo de vida.

Segundo, essa pressão para que todos façam o mesmo com o seu tempo livre me parece erro mais grave ainda. Como posso ser tido como melhor ou pior em virtude dos meus gostos pessoais, aqueles que não interferem em nada na vida das outras pessoas?

Temos de nos acautelar, pois, por trás de uma sociedade que se mostra muito mais democrática e liberal, existe um novo e sutil sistema de controle e dominação da forma de ser e de viver das pessoas. Nossa liberdade pessoal é máxima. Mas, ao mesmo tempo, cresceram as pressões vindas das outras pessoas, da publicidade e dos meios de comunicação em geral, de modo que é mais difícil conseguirmos gerenciar nosso pequeno espaço individual.

42

Seja livre: pense e aja com coerência

A questão da liberdade está relacionada com a nossa capacidade de depender menos do meio em que vivemos. Isso só é possível quando estamos fortes internamente. Só poderá ser livre quem tiver focado sua atenção na autoestima e não na vaidade, condição que nos torna menos dependentes do aplauso.

A liberdade estaria, por si, condenada se correspondesse a um modo específico de ser. Ser livre não é ser desta ou daquela maneira. Não é se vestir de uma forma tradicional ou mais descontraída. Penso que o ideal é defini-la como a sensação íntima de alegria que deriva de estarmos agindo de forma coerente. Ou seja, que nossas ações estejam sempre — ou quase sempre — em concordância com nossos pontos de vista.

Quando o objetivo principal é agradar as pessoas que nos cercam, quase sempre temos de abrir mão das nossas convicções, e isso é fatal para quem deseja ser livre.

Não é grave nem problemático fazer concessões e agir de acordo com a vontade das pessoas com as quais convivemos mais intimamente. Isso naquelas decisões que tomamos e nas quais abrimos mão de coisas que não interferem em nossos principais projetos de vida. É fácil conceder sobre o restaurante onde quero jantar, mas eu não mudaria a forma como lido com minha profissão.

O ser livre está no comando de sua vida, de modo que possa agir de acordo com sua razão. Não é escravo nem de suas emoções nem da vontade das outras pessoas. Isso é possível quando atingimos um grau de maturidade emocional que devemos perseguir com afinco. É muito bom não ter medo de ser desconsiderado e desprestigiado por pensar e agir de forma própria. É muito bom não ter medo da rejeição afetiva que assusta a tantos e conduz à submissão. É óbvio que o ser livre tem limites: têm de respeitar os direitos dos outros.

43

Seja justo: não seja nem egoísta nem generoso

Ser livre requer um bom avanço emocional a ponto de não depender da aprovação dos que nos rodeiam — não depender implica essencialmente não submissão. O ser livre terá de subir mais um degrau importante e difícil: o da evolução moral. Uma pessoa moralmente evoluída não é nem egoísta — a que recebe muito e dá pouco — nem generosa — a que dá muito e recebe pouco.

Generosos e egoístas dependem um do outro. Para que a pessoa possa exercer sua generosidade, ela dependerá da presença de um egoísta capaz de receber o que ela está disposta a dar. A palavra certa não é "disposta" e sim "necessitada"! O generoso precisa agir assim porque o faz sentir-se superior e com o domínio da situação. O egoísta precisa receber porque não é autossuficiente e não gera tudo o que necessita tanto do ponto de vista material como emocional.

É possível que a generosidade seja um avanço em relação ao egoísmo; mas não é o fim do caminho. A generosidade deve ser diferenciada do altruísmo, condição na qual a pessoa doa tempo ou dinheiro de forma anônima e com o único intuito de ajudar os menos favorecidos. A generosidade nas relações íntimas implica sempre dominação: logo, não pode ser vista com a mesma isenção.

Os egoístas agem da forma mais imatura, aquela que é própria das crianças pequenas. A dependência é óbvia. O disfarce que eles usam é fingir força e autonomia, falar de suas conquistas (que nem sempre existiram ou não foram do tamanho narrado), agir de forma a intimidar e dominar pela violência ou por meio de chantagens sentimentais. Egoístas não sentem culpa, mas sabem que os generosos sentem e muito. Usam isso como arma para impor sua vontade. Os generosos cedem e estimulam cada vez mais a dependência deles. É um jogo duro, malévolo e perigoso. Viva o justo, o que dá e recebe na mesma medida.

44

Fique atento aos perigos da vaidade intelectual

A vaidade é parte do nosso instinto sexual: nos sentimos excitados quando chamamos a atenção dos outros. Ela é essencialmente um fenômeno físico, relacionado com a beleza e sensualidade. Atinge em cheio aqueles que se destacam nos esportes. Se estende depois aos objetos de adorno com que nos cobrimos e nos enfeitamos — roupas, relógios, joias etc. — e às nossas outras posses, como o carro que temos, a casa em que moramos etc.

Numa etapa posterior, a vaidade passa a fazer parte integrante dos nossos processos psíquicos, uma vez que admiramos e valorizamos pessoas pela inteligência que têm, pelo que são capazes de produzir em termos de artes e ciências. Admiramos os grandes empreendedores não só pelo dinheiro que acumulam, mas também pela astúcia e ousadia. Pela mão da vaidade assuntos ligados à sexualidade atingem nossa vida intelectual.

A busca de destaque e sucesso — que são a manifestação sofisticada da vaidade — irá fazer parte da forças que nos estimulam a querer progredir profissional, social e mesmo intelectualmente. Estaria tudo bem se não ativasse o processo de competição entre as pessoas. A vaidade é a "mãe" dos prazeres aristocráticos, aqueles que só alguns podem ter, cabendo aos outros admirar — e, é claro, invejar. O caminho é perigoso e conduz, quase sempre, à solidão.

O maior perigo da vaidade, a meu ver, é a "contaminação" do pensamento propriamente dito. Ou seja, o indivíduo se afasta do genuíno e adorável prazer de aprender para buscar o conhecimento como forma de se destacar, como meio de humilhar pessoas menos dotadas, como forma de se vingar daqueles com quem tem ou teve problemas. A vaidade traz para o mundo do saber características que o deformam e o empobrecem.

45

Encare o trabalho como um desafio legal

Fins de semana, férias e feriados são tratados como os dias de delícia, enquanto o trabalho é visto como um fardo pesado e sofrido, como praga bíblica. É fato que existe a responsabilidade e que isso faz a diferença entre o que é sério e o que é divertido. Porém, o que é sério não é obrigatoriamente desinteressante. O mesmo se dá com os estudos, pois,ao resolvermos um problema que está nos desafiando, experimentamos uma enorme satisfação.

Se pudéssemos passar o resto da vida em férias, ficaríamos aborrecidos. O tempo livre é legal desde que seja pouco e intercalado com as atividades regulares do trabalho. As pessoas sonham com a aposentadoria, mas quando ela chega a maioria se deprime e muitos morrem pouco depois. Penso que as pessoas gostam de trabalhar; e também gostam muito de reclamar do trabalho.

A atividade profissional nos dá a sensação de ser parte de uma sociedade. Sentimo-nos úteis. Mesmo em atividades simples e repetitivas aparecem coisas novas para aprender. Há muitos desafios e obstáculos a serem ultrapassados. As pessoas nos procuram e precisam de nós. Alguns dos problemas mais delicados têm que ver com as relações humanas — com chefes, subalternos e com os colegas que são, ao mesmo tempo, amigos e concorrentes.

São inúmeros os desafios relacionados com o trabalho, sendo que o primeiro deles é manter-se no emprego. Ele ajuda a cultivar a disciplina e exige paciência, tolerância a frustrações. Ele nos obriga a um mínimo de aprimoramento intelectual e a um avanço permanente na arte de se relacionar com as pessoas em situações que envolvem cooperação e competição. O trabalho é a atividade por meio da qual ganhamos o pão e algum prestígio. Ajuda-nos, e muito, a vencer o tédio.

46

Cultive sua inteligência emocional

A expressão inteligência emocional (IE) passou a ser usada a partir dos estudos que alguns profissionais de Psicologia desenvolveram a propósito das relações no ambiente de trabalho. O termo é quase sinônimo de maturidade emocional. Porém, nos ajuda muito a entender a importância da habilidade no trato com as outras pessoas. É claro que tudo o que vale para o ambiente de trabalho vale também para a vida familiar e para as relações sociais em geral.

A conquista mais importante seria a capacidade de controlar a agressividade, evitando os terríveis rompantes de gritos e palavrões. Eles são fatais até mesmo para os proprietários dos negócios, pois acabarão perdendo os melhores colaboradores. Quem age assim é, como já sabemos, o fraco, o egoísta. São chamados também de "analfabetos emocionais" e, hoje em dia, é bom que se acautelem para não serem demitidos. São cada vez menos aceitos pelo mercado de trabalho.

Os portadores de boa IE, por outro lado, são delicados no trato e muito benquistos. São prestativos e mais cooperativos do que competitivos. Compreendem que seu sucesso futuro depende, antes de tudo, do sucesso do grupo. É como no futebol: cada jogador quer ir para um clube melhor ou para a seleção. Terá de se destacar, mas antes deverá ajudar seu time a ser campeão.

Quem tem boa IE é competente para entender os jogos de poder que se estabelecem dentro das empresas e para melhor se posicionar diante deles. Tem princípios e valores próprios, mas também tem jogo de cintura para se adaptar, da melhor forma possível, à realidade do ambiente em que está trabalhando. Pessoas honestas e hábeis, controladas e cooperativas, agradáveis e firmes ao mesmo tempo, eis o perfil dos que têm mais chance de vencer no trabalho.

47

Aceite suas propriedades (e limitações) biológicas

Tudo na vida parece ser faca de dois gumes, inclusive as propriedades mais valorizadas, tais como a beleza e a inteligência. Uma mulher muito bonita pode descuidar de sua evolução interior por força das vantagens que obtém graças à ótima aparência. Pessoas mais inteligentes não curtem os programas daqueles com os quais convivem e desde pequenas podem ter problemas de socialização.

Nossas características biológicas não irão se alterar por causa das frustrações, e não é razoável gastar a vida lamentando a má sorte de não ser tão alto quanto se gostaria, de não ser tão bonito, tão bem-dotado para os esportes, para as artes, de não ter uma inteligência tão espetacular etc. O melhor é ser realista e tratar de conhecer a si mesmo da forma mais rigorosa possível. Isso é essencial na educação: não é legal induzir as crianças a pensar que são portadoras de qualidades inexistentes.

A etapa seguinte será perceber quais são nossas boas qualidades e como melhor aproveitá-las; de nada adianta desqualificar o que temos e apreciar as prendas alheias. Se não temos vocação para atividades esportivas com bola, talvez sejamos competentes para corridas, e é por aí que devemos seguir.

Temos mesmo é de nos dedicar com afinco e dar pleno uso ao nosso potencial. Já acompanhei inúmeras pessoas com grande potencial e que não fizeram nada com os dons que receberam. Vi também o inverso: pessoas limitadas mas que foram competentes para usar plenamente seus dotes; essas pessoas acabaram se saindo melhor na vida e sendo mais felizes do que as primeiras. Aliás, quando alguém não consegue exercer plenamente suas potencialidades, aí sim é que costuma se deprimir — e muito.

48

Construa sua própria história e ande no seu próprio ritmo

Dentre as várias pressões sociais a que estamos sujeitos, uma das mais importantes é a que nos impõe um determinado ritmo de vida. Somos induzidos a trabalhar durante não sei quantas horas por semana, a fazer inúmeras coisas simultaneamente, a tirar férias pelo tempo que determinam. O mais importante é que somos pressionados não só a trabalhar cada vez mais e mais. Também somos induzidos a nos "divertir" compulsivamente nas horas vagas — e nas férias. Somos malvistos se não gostamos de ir à praia ou de ficar bebendo com os amigos.

Os tempos mudam, e as pressões sociais também. Até pouco tempo atrás, por exemplo, o indivíduo que se dispusesse a estudar para um concurso público era visto como um preguiçoso que queria "vida mansa". Era "feio" querer vida mansa! Hoje, com a falta de trabalho nas áreas privadas, é enorme o número de pessoas muito esforçadas dispostas a prestar concursos.

Temos mais direitos do que exercemos. Nosso espaço de liberdade é maior do que o que pensamos. Cada pessoa pode equilibrar suas pretensões e construir um estilo de vida compatível com suas decisões. Qual o problema de decidir se mudar para uma praia, viver modestamente e trabalhar pouco?

Temos de levar em conta, isto sim, nossas verdadeiras características. Nem todo o mundo fica no estado mínimo de *stress* quando experimenta a vida pacata própria das cidades menores. A tensão é mínima quando conseguimos descobrir qual é a nossa "velocidade ideal". Ela é variável, e não há regra que sirva para todos. Alguns se desgastam mais se ficarem inativos do que em grande atividade e vice-versa. O ideal é podermos caminhar no passo que nos é característico; aí andaremos bastante e com o mínimo de desgaste.

49

Sacrifique uma parte do presente em nome do futuro

A ideia de vivermos apenas no aqui e agora é muito difícil de ser exercida na prática. Vivemos com a mente no passado, no presente e também no futuro. Imaginamos uma vida longa e tratamos de nos precaver, ao menos parcialmente, para que não nos falte nada de essencial lá adiante. Acho melhor viver do presente para o futuro do que do presente para o passado. É próprio da inteligência humana tentar antever o futuro e é parte da forma de pensar da maioria de nós tentar imitar as formigas e não as cigarras.

Eis a grande questão: quanto do presente cabe ser sacrificado em nome do futuro? Quando sacrificamos apenas por sacrificar, ou seja, para termos aquela sensação heroica que nos dará direito a recompensas em algum lugar do futuro? Para muitas pessoas, o dia do usufruto nunca chega. Ele é sempre adiado, já que aprenderam a curtir mais o esforço do que a recompensa.

Estes são os perigos de uma forma de pensar na qual o sacrifício é virtude e o usufruto é futilidade. Creio que é importante usufruir o que realmente apreciamos e não o que a sociedade diz que é bom para nós. Para isso, temos de nos conscientizar da necessidade de rever valores morais assim duvidosos.

Penso que a proporção do sacrifício do presente tem de ser decrescente. Aos 20 anos de idade cabe sacrificar, digamos, 60% do presente em nome do futuro, que, se não houver nenhuma intercorrência (e não cabe contar com ela para justificar a vida sem sacrifícios), será longo. Aos 60 anos não cabe mais grandes sacrifícios, uma vez que o futuro está naturalmente encurtado. Muitos preferem manter as doses maiores de renúncia apenas para terem a ideia de que o fim ainda está longe. Isso pode ser bom para os herdeiros, mas a verdade é que não faz sentido algum.

50

Aceite que nossa condição é fundada na incerteza

Uma das razões pelas quais nos sentimos mais confortáveis quando nos precavemos contra as futuras adversidades — o que, em nossa sociedade, significa poupar dinheiro — é termos a impressão de que diminuímos a incerteza relacionada aos anos que virão. Até certo ponto, isso é verdadeiro. É parte do que nos cabe fazer, além de sermos dedicados ao trabalho, já que isso aumenta as chances de boas avaliações. Convém cuidarmos da saúde física e também cultivar as relações afetivas que nos são relevantes.

Fazemos o possível para diminuir ao máximo as chances de contratempos e contrariedades de todos os tipos. Isso, é claro, não é suficiente.

Continuamos a nos sentir inseguros em relação ao que o futuro nos reserva, e com toda a razão. Ninguém em sã consciência pode sentir-se seguro! Somos todos inseguros, e não se trata de buscar remédios para isso, mas sim aprender a lidar com a insegurança. Aprender a conviver com certa dose de medo.

A insegurança relacionada com a incerteza da nossa condição deriva do fato de que, a qualquer momento e por eventos que não controlamos, nosso destino pode se alterar completamente. Não penso apenas nos acontecimentos negativos: uma pessoa pode ganhar na loteria e aí sua vida será outra!

Ao aceitarmos a incerteza, não estamos nos condenando a um estado depressivo ou de constante expectativa negativa. O incerto significa, no sentido literal, que nada está certo: podemos perder o que temos e podemos ganhar o que não temos. Aí reside a graça e o fascínio da vida, pois todos os dias podemos acordar com a sensação de estarmos indo a um cassino onde tudo pode acontecer. Podemos adoecer, é verdade, mas também podemos conseguir realizar nossos sonhos sentimentais. A incerteza é inimiga do tédio.

51

Seja corajoso: viva de acordo com suas convicções

Além de fugir de todos os condicionamentos sociais e das pressões a que estamos sujeitos, ainda temos de tomar atitudes ativas em direção a um estilo de vida que nos gratifique e que nos pareça mais construtivo e sensato que o a nós proposto. Temos o direito de decidir se queremos nos casar ou não, que tipo de vida sexual desejamos vivenciar, em que tipo de residência nos sentimos confortáveis etc.

Podemos e devemos assumir uma postura positiva em defesa do modo como queremos viver. Nossa vaidade aparecerá de uma forma também positiva, o que é fenômeno raro. Sentiremos orgulho de mostrar aos outros como estamos passando nossos dias. Além da satisfação íntima de ter a coragem de viver conforme nossas convicções, ainda temos o benefício extra do exibicionismo. Definimos o plano de vida livremente, "vaidade à parte". Ela não influi na decisão e só chega agregando mais um prazer.

Ser explícito nas manifestações externas que nos definem ajuda e muito. Não é apenas vaidade, pois é bom que as pessoas percebam da forma mais rápida e imediata possível quem somos e como pensamos. Deveríamos usar as roupas que combinam com nosso modo íntimo de ser. Nossa casa deveria conter peças que indicam nossos gostos e valores.

Chegamos, desta forma, a uma rara e adorável síntese entre vaidade e autoestima, na qual nos orgulhamos daquilo que verdadeiramente somos. Ela exige evolução interior capaz de fazer de nós criaturas livres. Agregamos, à maturidade emocional e moral, a coragem que nos permite ser como somos, deixar-nos conhecer e agradar ou desagradar as pessoas. Esta é a verdadeira maturidade sentimental, na qual a dependência da aprovação externa é mínima.

52

Se for para competir, faça-o apenas consigo mesmo

Competir com as outras pessoas, em qualquer setor da vida, é sempre problemático e não ensina muito a nosso respeito. De que nos adianta saber se somos mais inteligentes, mais bonitos, mais ricos do que determinadas pessoas? Pode muito bem acontecer de perdermos em muitas dessas comparações e, ainda assim, estarmos satisfeitos com nossa vida.

Os perigos das comparações e competições são óbvios e conhecidos: poderemos nos sentir envaidecidos e um tanto preguiçosos por nos acharmos muito bem-sucedidos; podemos também nos sentir humilhados e invejosos caso o objeto da comparação seja visto por nós como melhor. Nada disso nos acrescenta um grão sequer de sabedoria ou de autoconhecimento.

No ambiente profissional, por exemplo, é inevitável existir algum tipo de competição. Aliás, mesmo se a gente não deseja competir, acaba entrando no jogo por nos sentirmos provocados. Instigados pela vaidade não conseguimos ficar por baixo sem algum mal-estar e acabamos aderindo à disputa. Muitas empresas acreditam que uma certa dose de competição interna aumenta a produtividade, ainda que prejudique a qualidade de vida dos que lá trabalham. Interessa-lhes acima de tudo o resultado.

A verdadeira competição, a que nos interessa e pode ser muito estimulante, é aquela na qual o oponente é a gente mesmo. Se me dedico a aprender e a jogar golfe, por exemplo, quero ter a sensação de que hoje estou mais capaz para o esporte do que há um ano. Quero me comparar com o que eu era emocionalmente há cinco anos e sentir como tenho feito progressos como ser humano. Quero ter a sensação de não estar estagnado, de estar em evolução.

53

Afinal, o que é dar certo na vida?

Existem duas formas de pensar sobre o que é dar certo na vida. Uma é aristocrática, na qual deu certo quem se saiu melhor que os outros. O bem-sucedido é o que conseguiu algum tipo especial de destaque, de distinção por comparação com a média dos da sua geração. Fama e fortuna caracterizam quem se deu bem. É essa a proposta básica da nossa sociedade, que estimula a competição porque o aumento da produtividade seria bom para o progresso material de cada um e, em teoria, de todos.

A outra forma de pensar leva em conta nosso estado de espírito. O mais importante seria nossa evolução interior, condição essencial para que possamos usufruir uma boa vida e o maior número possível de momentos de felicidade. Aqui se busca um estilo de vida baseado no autoconhecimento, privilegiando a boa autoestima mesmo que em prejuízo da vaidade. Dar certo na vida é ter bons relacionamentos íntimos, cultivar os prazeres físicos e intelectuais e evoluir moralmente. É a forma democrática de pensar a questão, pois o bem-estar de uns não diminui as possibilidades dos outros.

É claro que essas duas formas não são excludentes. A pessoa pode ser dedicada a uma atividade profissional e dela extrair reconhecimento e dinheiro além de ter uma boa autoestima derivada de sentir-se útil, de estar evoluindo intelectualmente e tendo relacionamentos humanos gratificantes e construtivos.

O que não tem nenhum sentido é levarmos a sério uma ordem social na qual somos induzidos a pensar que só existe felicidade para quem for lindo, riquíssimo e famoso. As fotos das revistas mostram essas pessoas belíssimas rindo nas festas, passeando em barcos maravilhosos. Um jovem desavisado pode achar mesmo que é só ali que reside a bonança a que ele dificilmente terá acesso.

54

Temos de aprender a lidar com o medo da morte

Mais importante que a morte em si é o medo que ela provoca. A morte é uma transição, a passagem para um estado desconhecido cujas características todos saberemos oportunamente. O que tumultua e, por vezes, perturba muito nossa vida é o medo que sentimos quando pensamos na morte. Podemos nos apavorar diante de qualquer pequeno mal-estar; isso se chama hipocondria.

O medo da morte começa a se manifestar muito cedo em nossas vidas. Aparece quando nos tornamos conscientes de que a vida é finita — talvez lá pelos 6 ou 7 anos de idade. A sensação é horrível porque acontece exatamente durante os funerais de pessoas próximas e queridas. Presenciamos a morte associada à dor daqueles que continuam por aqui.

A dor provocada pela morte de pessoas queridas é parecida com a das rupturas amorosas que mais tarde conheceremos tão bem. Passamos a temer nossa própria morte e também a dos que nos são caros. Conscientes da incerteza da nossa condição, só nos resta aprender a lidar com esse suspense permanente. Temos de conseguir viver em paz apesar de sabermos que tudo pode terminar de uma hora para outra. Os que não conseguirem passarão a vida aflitos.

Com o passar dos anos, aceitamos com crescente docilidade a ideia da morte. Talvez por causa da sabedoria que acumulamos; ou, então, porque já provamos muitas das coisas desta vida, de modo que partir não parece mais tão doloroso. Talvez seja um mecanismo de adaptação à realidade, já que a velhice implica uma óbvia aproximação da morte. Penso que a grande sabedoria é saber-se mortal, aceitar isso como fato inexorável e nada dramático, além de viver o dia a dia como se fôssemos eternos. Não convém ficarmos nos preparando muito para enfrentarmos algo totalmente desconhecido. Cada coisa a seu tempo.

55

Cultive uma visão "religiosa" da vida

Terei de limitar-me ao essencial: a visão "religiosa" a que me refiro é a constatação de que somos cercados por muitos fenômenos que desconhecemos. O pensamento científico se funda na ideia de que, um dia, seremos capazes de explicar tudo. Chamo de "religioso" o pensamento de que sempre estaremos envolvidos em um Mistério, que pode ser entendido como uma divindade que jamais será desvendada totalmente.

O materialista, o que tem "fé" na ciência, tem certeza de que Deus não existe; acho que não temos dados para ter uma posição assim firmada. A postura de humildade que deriva da visão religiosa da vida me parece mais consistente. Nosso cérebro tem a capacidade de fazer certas perguntas, mas falta-lhe competência para respondê-las. Só saberemos o que acontece depois da morte quando chegarmos lá.

Ao longo dos anos vividos temos a sensação de que o nosso sistema de pensamento não é apenas o resultado das reações químicas que se passam nas células cerebrais — a não ser quando certos distúrbios nelas afetam nosso pensar. Percebemos a nós mesmos como constituídos por uma parte física, material, e outra psíquica, que pode muito bem ser chamada de alma — ou mente. Vivenciamos esse dualismo como um fato. Não temos competência para saber se a alma irá ou não sobreviver ao corpo.

Não creio que essa visão meio mágica do mundo e da vida se oponha ao pensamento científico. Os grandes cientistas sempre viveram nesse fascinante clima psíquico, mergulhados numa curiosidade insaciável onde tudo pode acontecer. Este estado de alma mais criativo e mais alegre justifica minha convicção de que a ideia da existência de Deus é uma boa ideia até mesmo se Ele não existir.

56

Viva intensamente cada fase da sua vida

Vivemos numa época em que se louva mais que tudo a aparência física. As crianças e adolescentes não veem a hora de crescer para terem acesso às "delícias da vida", que parecem estar concentradas entre os 18 e 35-40 anos de idade. Mais tarde, as pessoas tentam parecer estarem ainda nessa fase, valendo-se de todo tipo de cirurgias estéticas — além, é claro, das dietas alimentares e exercícios exaustivos.

Mais uma vez me oponho ao padrão social atual — acredito mesmo que estamos vivendo um mau momento. Acho a infância um período de descobertas fascinante, quando nos familiarizamos com o mundo que nos cerca e fazemos algumas incursões para o mundo interior. Na adolescência, essa viagem para dentro, para o conhecimento do próprio corpo e de sua sexualidade, se torna mais complexa e, por vezes, um tanto sofrida.

A parte da vida adulta hoje privilegiada é a que tem que ver com a busca de sucesso em uma sociedade competitiva e desleal. É uma fase difícil e talvez seja a mais penosa para a maioria das pessoas que não conseguem as glórias que aprenderam a sonhar. Os que se casam têm de lidar com as complicações de um cotidiano em comum. Os que têm filhos precisam, além de experimentar as delícias de acompanhar a formação de um novo ser, aprender a renunciar.

A maturidade e mesmo a velhice podem ser muito gratificantes — desde que, é claro, se tenha boa saúde. Os filhos já cresceram. Já sabemos em que demos certo e em que não tivemos sucesso. Sabemos de nossa condição social e econômica, que dificilmente irá mudar muito. Já digerimos nossas frustrações e nos conciliamos com nossa história. A competição diminui porque a vaidade se atenua. É uma fase ótima e tem muito da irresponsabilidade da juventude.

57

Saiba que a felicidade provoca um enorme medo

Todos sonhamos com a felicidade. O que nem todos sabem é que, ao atingirmos esse estado — ainda que momentaneamente —, passamos a experimentar um enorme medo, como se ela atraísse a ira dos deuses e algo de terrível estivesse para nos acontecer. O pensamento supersticioso — e quem não tem algum? — está alicerçado sobre esse medo. O mesmo medo está presente em frases do tipo "estou morrendo de felicidade", ou então "isto está bom demais".

O medo das "pragas rogadas pelos invejosos" faz parte do pacote de pavores que sentimos. Ele se manifesta, como sabemos, quando a pessoa consegue um importante avanço financeiro, profissional, social e principalmente quando encontra um parceiro sentimental encantador. Nos momentos de pico da felicidade somos tomados por um medo que nos inunda e prejudica seu usufruto.

O que fazemos? Tendemos a estragar uma parte do conquistado. Por exemplo, se o encantamento amoroso é a causa do medo da felicidade, buscamos defeitos no amado ou armamos uma briga. Pronto. A felicidade já não está mais completa e o medo diminui. Não é uma boa ideia resolver o medo estragando o que está ótimo. Nossas tendências autodestrutivas se originam daí.

O mais importante é compreendermos que o processo é interno e não tem que ver com os perigos derivados da ira dos deuses nem com a inveja dos conhecidos — ela existe e talvez intensifique mais o medo. Parece que tememos a repetição do que um dia nos aconteceu: estávamos no paraíso, no útero onde fomos formados. Este é o primeiro registro em nosso cérebro. O segundo? A expulsão do paraíso, o dramático e doloroso nascimento. Parece que sempre que voltamos ao paraíso, tememos uma nova expulsão; é um reflexo condicionado.

58

Aprenda a lidar com o medo da felicidade

Devo dizer que desconheço a cura para o medo da felicidade. No estágio atual do conhecimento é importante nos conscientizarmos da existência do processo e deixarmos de nos surpreender com sua presença. O fato de nos apropriarmos deste saber já é uma grande aquisição, uma vez que conseguimos nos posicionar melhor diante de sensações previsíveis. No caso do encontro romântico, por exemplo, o medo da felicidade costuma provocar uma forte tendência para nos afastarmos do amado. Saber que isso acontece pode nos dar forças para enfrentar o medo e persistir no relacionamento.

Não há solução para o medo da felicidade. Porém, podemos administrar as situações geradas por ele em vez de nos tornarmos escravos dele e fugir destruindo conquistas preciosas. Quantas vezes nos prejudicamos financeiramente — a pretexto de irmos atrás de algo melhor — apenas para atenuar a aflição derivada da sensação de iminência de tragédia.

Quando não destruímos o que nos provoca alegria — sucesso profissional, amor etc. — nos voltamos contra a saúde. Começamos a temer que alguma doença mortal está sendo formada dentro de nós. Passamos a sentir as dores a ela correspondentes. É sempre bom pensar, diante da hipocondria, na hipótese de que sua causa seja um acontecimento muito bom e não um problema psíquico.

A felicidade dá medo, mas não atrai tragédias! Pessoas felizes e infelizes estão sujeitas ao mesmo risco, ao menos das tragédias que não são fabricadas pelas próprias pessoas. O grande problema é o mesmo de todos os medos: têm de ser enfrentados. A consciência nos dá a força, mas o medo aparecerá assim mesmo e é preciso tolerá-lo. Ao enfrentarmos o medo, ele vai se atenuando, e conseguimos conquistar mais um território nesta guerra pela felicidade.

59

O que não traz felicidade: os excessos

Ao longo dos tempos, muitos dos principais pensadores se preocuparam com a questão da temperança — ou da moderação. Achavam que o comportamento humano tem de ser razoável e que os desequilíbrios em qualquer direção são sempre indevidos e frustrantes. Devemos nos alimentar de forma comedida, consumir com moderação, beber pouco, trabalhar, mas não em excesso. Precisamos ser altruístas e dedicados às causas sociais sem perder de vista nós mesmos.

As renúncias também podem ser exageradas, de modo que o despojamento pode ser uma outra forma de vaidade (a pessoa chama a atenção tanto por estar vestida com roupas muito caras e extravagantes quanto pelo excesso de simplicidade). Saber renunciar é legal, mas transformar a renúncia em outro prazer — o prazer da renúncia — é perigoso e pode desequilibrar a balança.

O mesmo tipo de raciocínio se aplica a outros comportamentos que tendem ao desequilíbrio, como é o caso da sexualidade: não se trata nem de gastar a vida indo atrás de parceiros novos tampouco de se orgulhar da castidade. O sexo é um dos prazeres do corpo; porém, existem outros, e não tem cabimento a pessoa se achar mais ou menos feliz pela frequência com que pratica o sexo. A ideia do "quanto mais, melhor" está baseada nas duvidosas delícias dos excessos.

Os excessos não devem acontecer na direção nem dos prazeres nem dos sacrifícios. A vida tem mais graça quando existe alternância: a noite só é valiosa porque existe o dia e vice-versa. Acho sensata a ideia de equilíbrio exemplificada na divisão da vida em três partes iguais: a primeira gastamos dormindo, a segunda, trabalhando e a terceira corresponde ao tempo livre, que será aproveitado segundo o gosto e os interesses de cada um.

60

O que não traz felicidade: tudo o que vicia

Décadas atrás alguns defendiam a tese de que a felicidade humana — essa mistura de paz com momentos particularmente gratificantes — só poderia ser alcançada por meio das drogas. Louvavam especialmente o LSD, um alucinógeno. Até hoje muita gente pensa nas drogas como um bom caminho. Não discuto as sensações imediatas que elas provocam, mas afirmo que tudo o que provoca dependência física ou psicológica subtrai a liberdade. E isso só pode ser ruim.

As drogas geram em nós sensações de superioridade, e isso faz bem à vaidade, dando-nos, por instantes, o prazer que tanto apreciamos. Este prazer — o de se sentir "por cima" — é o que mais determina a dependência psicológica, a que mais vicia. Viciam as drogas e também o consumismo, o sucesso nas conquistas eróticas sucessivas, o sucesso profissional que leva a pessoa a só querer trabalhar, assim como as conquistas intelectuais ou esportivas.

O sucesso vicia tanto quanto as drogas, e não são raras as histórias de artistas e esportistas que, ao encerrar suas carreiras, se voltam para elas. Estão apenas mudando de droga! O sucesso, sonho de tantos jovens de hoje, deve ser motivo de grande reflexão e não continuar a ser tratado só como fonte de alegria e realização. É errado privilegiar a vaidade em detrimento da autoestima.

Não há sinais de que estejamos no bom caminho. (Um exemplo entre tantos: o número de deprimidos só vem crescendo.) Privilegiar o bem-estar íntimo e os progressos que podem ser compartilhados por todos — sucesso sentimental, emocional, moral — é o caminho que um dia levará a uma sociedade verdadeiramente democrática. Num contexto assim menos competitivo haverá muito mais espaço para o fortalecimento das boas relações humanas, e, aí sim, teremos uma qualidade de vida mais prazerosa.

Livros do autor em que esta obra se fundamenta

Homem: o sexo frágil? 9. ed. São Paulo: MG Editores, 1989.

A arte de viver bem. 4. ed. São Paulo: MG Editores, 1993.

Uma nova visão do amor. 4. ed. São Paulo: MG Editores, 1996.

Ensaios sobre o amor e a solidão. 6. ed. São Paulo: MG Editores, 1998.

A liberdade possível. 2. ed. São Paulo: MG Editores, 2000.

A libertação sexual. 2. ed. São Paulo: MG Editores, 2001.

Os sentidos da vida. 2. ed. São Paulo: Moderna, 2004.

O mal, o bem e mais além. 6. ed. São Paulo: MG Editores, 2005.

Uma história do amor... Com final feliz. 4. ed. São Paulo: MG Editores, 2008.

Flávio Gikovate

Médico psiquiatra formado pela USP em 1966.

Trabalhou como assistente clínico no Instituto de Psiquiatria na Universidade de Londres em 1970.

Desde 1967, trabalha em clínica privada, dedicando-se às diversas formas de terapia breve para tratamento dos distúrbios próprios das pessoas normais.

Foi pioneiro das terapias sexuais no Brasil a partir de 1969 e nos estudos relacionados com a vida afetiva e conjugal a partir de 1975.

É autor de 23 livros sobre os conflitos psicológicos relacionados com a vida cotidiana da maioria das pessoas. Ao longo dos últimos 30 anos, vendeu mais de 600.000 exemplares.

Também foi colaborador da *Folha de S. Paulo* entre 1981 e 1984, da revista *Claudia* entre 1987 e 1998, e da revista *Marie Claire*.

Participou como convidado de praticamente todos os programas da televisão brasileira. Comandou programas na TV Bandeirantes entre 1991 e 1992.

Conferencista muito solicitado, ministra cursos em diversas universidades no Brasil e também na América Latina.

O Dr. Flávio Gikovate apresenta o programa *No divã do Gikovate*, aos domingos, na Rádio CBN, e continua em intensa atividade como psicoterapeuta, cuidando pessoalmente do seu *site* — www.flaviogikovate.com.br